どんなときも
「**大丈夫**」な自分
でいる38の哲学

あせらない、迷わない、くじけない

東洋思想研究家
田口佳史

青春出版社

大丈夫だ、キミ

たとえ、今まで
どんな人生を生きてきたとしても
いまが、どんな状況にあろうとも

たとえ、これからが
非情の時代だとしても

自分の中に「規矩《きく》」さえ持っていれば
「大丈夫」な自分でいられるのだから——

目次

1章 「大丈夫」な自分をつくる8つの心得 13

2章　生きづらさを抱えている、あなたへ――　59

5章 くじけない——立派な人間かどうかは天は問わない。なろうとしているか？を問うている 171

本文デザイン／浦郷和美
本文ＤＴＰ／森の印刷屋
企画協力／株式会社オープンマインド
編集協力／ものの芽企画

1章

「大丈夫」な自分をつくる8つの心得

「不動心」を持っているか？

いわれなき不安は
心の暇がつくり出している。
そんなときは、腰を立て、腸に力を！

なぜ今から未来の心配をしているの

「漠然とした不安感とどう向き合えばいいのでしょうか」。最近、よく問われることです。将来ある若人が、今から老後の心配をしています。働き盛りの中年や経験豊かな老年層は、子や孫が暮らす未来を憂えています。

確かに、今は世界情勢が不安定で、世の中全体を不穏なムードが包んでいる状態。だから、「いわれなき不安」というものに支配されてしまうのもわからないではありません。しかし、「いわれなき不安」というのは、どこから来るか知っていますか。どこからもやって来やしません。自分自身が生み出しているのです。

だから、不安を遠ざけたいなら、自分自身をもっとしっかり見ることが重要なんです。そのために一番いいのは、何が不安なのかを書き出してみること。書けば主観から客観に見方が変わり、明確になります。

大切なことは、もう一つあります。人間は皆いろいろな条件のもとで生きているのですが、そんな条件に関係なく重要視すべきは「今」だということです。

幕末の儒学者、佐藤一斎《いっさい》は『言志四録』のなかで、「暇だから雑念が出るのだ」という趣旨のことを述べています。一斎は、いわば江戸時代のリーダー論を説いた人物。

「暇」とは時間の暇ではなく、心の暇です。

一途に何かを目指しているわけではないから、心の暇ができて右往左往してしまう。すると、よからぬ雑念が生まれて、言動がちゃらんぽらんになる。すべてに心が入らないちゃらんぽらんでいると、「今」がちゃらんぽらんになってしまいます。

心が暇でない状態というのは、「今が楽しい」「今がおもしろい」という感覚を大事にできている状態です。この状態がキープできるように心がけていると、生き方が変わってきます。

前向きになれるとか、そんな抽象的な話ではありませんよ。もっと具体的に変わります。「今ここで得よう」と、行動に移せる人生になるんです。明日や、明後日じゃない。今だ。今しかない！　という力が湧いてくる。

そうすると、外側の尺度や、他人の顔色や、過去の失敗などまったく気にならず、今というこのときに集中できるんです。自分の目標に向かって、精一杯のエネルギーを注いで、充実した毎日を送っていける。これが「今を生きる」ということです。

「今、ここ」は大丈夫の根幹

「今、ここ」で生きていると、有事にも強くなれます。

もしも、キャンプへ行った先で、家族や恋人が遭難しそうになったとしたらどうしますか。「なんとしても自分が助ける！」と策をめぐらし、全身全霊で挑むでしょう。いざとなったら、自分でも思ってもいないような力が一瞬で湧いてくる。「火事場のバカ力」といったりしますね。これが「不動心」です。孟子の言葉で、「心動かさず」つまり「動揺がない」ということ。「今、ここ」を象徴するこの「不動心」は、「大丈夫」の根幹を成すものです。

この不動心を支えるのが、「胆力《たんりょく》」です。胆力はどこから湧いてくるかというと、腸です。私たち日本人の腸は、西洋人に比べて長いそうですが、背丈は低い。となると、腸は狭い空間にギュウギュウに押し込まれているわけです。

腸というのは、蠕動《ぜんどう》運動を行いながら、栄養分や水分を吸収しています。腸がしっかり蠕動運動を行えるには、ゆったりしたスペースを常に確保してあげる工夫が要ります。そこで「立腰《りつよう》」です。

シュッと腰が立つよい姿勢が習慣になっていると、腸が活発に運動でき、気力が生まれます。腸は英語でgutですが、その名の通り、ガッツが湧き出てくるのです。

背筋をまっすぐ伸ばし、腰を立て、腸を自由にさせる。不安なときは、「立腰」を心掛けると気持ちのもちようが変わります。

最近、うつむいてスマホの画面を見つめ、背を丸めている人が多いですね。あの姿勢で長くいると、腸はさぞ縮こまっているでしょう。知らず知らずのうちに胆力が衰え、不安を増幅させる原因になっている可能性もあります。

なんとなくパッとしない、常にベストコンディションからほど遠いというとき、心の不安を人生の不調につなげないよう、不動心を鍛える方法を日常に取り入れていきましょう。

「善悪」とは何か？

「いい人」になろうとしなくていい。
あなたはもうすでに
「いい人」の自分を持っているのだから。
それをちょっと出すだけでいいのです。

陰陽のバランスで見る

現代は、リアル以外にもSNSでの人づきあいが当たり前だからでしょうか。人間関係の悩みが多様化しているように感じます。とくに最近よく聞くのが、「人から嫌われるのが怖い」という声。「嫌われたくない」ため、他人に気を遣い、周囲に同調し、自分を抑え、「いい人を演じてしまう」ことで、非常に疲れると嘆いています。

「大丈夫」という生き方をするには、こうしたことで人生のエネルギーを消耗せず、悩みを膨張させない知恵が必要です。そこで、東洋思想の視点から考え方のヒントをお教えしたいと思います。

まず、知っておいてほしいこと。それは、**人間にはいい部分と悪い部分が必ずある**ということです。東洋思想の陰陽論では、**森羅万象のすべては「陰」と「陽」で成り立っている**と考えます。この世のものがすべてそうであるのだから、人間の心にも同じように陰陽があるのです。

陰とは、天地の地、日に対する月、夜、柔など、受動的な性質。内へ向かう求心的な運動を表わします。

陽とは、天、月に対する日、昼、動、剛など、能動的な性質。外へ向かう遠心的な運動を表わします。

陰と陽は相反しながら、陰があれば陽があり、陽があれば陰があるように、互いが存在することで己が成り立ちます。双方のバランスを取ることが心身の健やかさ、ひいては人の幸せにつながるのだというのが、東洋思想の基本となる考え方なのです。

「悪い人」をやってみた

つまり、人にはいい人の部分と悪い人の部分があり、その両方があって自分という人間のバランスが取れています。

東洋思想のなかでもとくに孔子を始祖とする儒家では、いい人の部分を積極的に育てなさいといっています。「まごころ」や「思いやり」といった「仁」を重んじることが大切だと説いているのです。

古典を勉強しはじめた頃、少々ひねくれ者の私は儒家のこの思想に出会い、「本当にそうだろうか。人間がもっている悪い人の部分も、そう悪くないのではないか」「悪い人の部分も必要なんじゃないか」と疑問に感じました。なんで儒家は「いい人」の面のみを強調するんだろう……と、それを知りたくて、「悪い人」をやってみたんです。もちろん差し障りのない範囲で、ですけどね。たとえば、相手がAといえば「いや絶対にBだ」と盾突き、誰かが話している内容にちょっとした論理のほころびを発見したらすかさず揚げ足を取り、話し合いがまとまりかけたら水を差す……というように、意識的に悪い人を演じる実験をしたのです。

こういう悪い人をやってみてわかったことが二つあります。

まずは、**自分のなかに悪い人の部分はあるのだなという再確認**です。そしてもう一つは、やはり**悪い人でいるのは損をするという真実**の発見です。

悪い人の面を出していると、人間関係がまったく生産的ではなくなるのです。話はややこしくなって厄介だし、建設的な会話にならないため話が一向に進まないし、相手がイヤな気分になるだけでなく、自分自身もムダな時間を過ごしているようでつまらなくなってくる。だから、「悪い人」はもうやめたほうがいいな、と思いましたね。

悪い人、人から嫌われる最大の要素は何だと思いますか。これはうちでもアンケート調査をしていてハッキリひとつの答えしかありませんでした。それは、利己主義的なのです。自己中心で、周囲への気配りがない。そういう人間を人はもう絶対的に嫌うんです。

ただ、こうした面も人が成長していくうえで必要な場合もあります。ここぞというときには周囲を振り切って、我が道を突っ走らなければならないこともあるわけです。

とはいえ、「人間関係においてはやはり、いい人のほうが建設的で生産性が高い」というのが、私が実験で得た結論です。

ですから、「いい人を演じる」というか、「いい人の部分」を出して生きるのは大変喜ばしいことなのです。人間はいい人にも悪い人にもなれるわけだから、どっちを出すかというだけです。それは自分の判断なわけですから、どんどん「いい人」を演じるとよいのです。「嫌われたくないから」「仲間はずれになるとつらいから」というネガティブな面に目を向けず、いい人の部分、善良な部分を出すほど得をすると考えればラクになります。

得意技が人間関係を下支え

では、人間関係を心地よくする「いい人」とはどういう人だと思いますか。

これはもう答えは一つ。誠実な人のことです。これしかない。相手の話をよく聞き、真剣に受け答えをする、理解できるように努める、相手のためになる情報があれば惜しみなく提供する。人間としての善良な部分をとことん出す。このような態度でいると、会話がスムーズで生産的です。いい空気が生まれ、互いに愉快です。

「いい人」は、周囲から可愛がられ、得します。悩みが生じるということは、本当はないはずです。つらいことになってしまうのは、相手に合わせ過ぎてイエスマンになっているからでしょう。ここに陰陽の作用があります。

たとえば、相手によかれと思ってあれこれ世話を焼いていると、「プライバシーにまで立ち入るおせっかいな人」などといわれてしまいます。これは、善意がいき過ぎて、迷惑行為になってしまっているのです。

同じように、人づきあいをうまくやろうとして、何に対しても「はい、はい」と対応し過ぎると、自分を偽ってつらいだけでなく、相手にも「口先だけだな」と伝わってしまうのです。

よきところで、「いい人」度合いのバランスを取る工夫が要ります。

そのときに欠かせないのがちょっとした得意技です。意外に思うかもしれませんが、

「これに関しては人に負けない」という得意技があれば、それが自信につながるからです。

技のレベルは何でもいいのです。街を歩いていて看板を見つけるのがものすごく早い、段ボール箱にピッタリの量を素早く詰め込むことができる、字がめちゃくちゃうまい。このレベルで十分です。こうした得意技を、武器のように隠しもっていると、いざというときに大きな顔ができるんです。だから、無理に周囲に合わせるということがなくなります。人間関係とは無関係に感じられるかもしれませんが、実はこうした自信が人間関係を下支えしているのです。

「**チャンス**」に気づいているか？

どんなときも「誠実」であろうとする人間を
天は決して放っておきません。

「あなたやってみない？」

チャンスは、誰にも等分にやって来ます。「いや、そんなことはない。自分は絶対に少ない」という人は、チャンスが目の前をスースー通り抜けているのに気づいていないだけです。

どうして逃してしまうのでしょう。

「チャンスをつかむ」といいますが、本当のことをいえば、チャンスなんて自分でつかみ取るものじゃないんですよ。**チャンスは他人がもってきてくれるもの**なのです。直接的に来る場合もあれば、間接的に来る場合もあるけれど、要は人がくれるようにしなきゃいけない。

では、どうすればチャンスにあふれる人生になるのか。

これは、「自分ならどんな人にチャンスをあげたくなるだろう」と、逆の立場を考えてみるとすぐにわかります。

私なら、コツコツと、忍耐強く、目立たないところで一生懸命努力し、精進しているのが伝わってくる、そんな人に「あなたやってみない？」と手を差し伸べたくなります。そういう人は、見ていれば一発でわかります。こちらのアドバイスや指導をじっくり聞き、咀嚼《そしゃく》しようと努めます。その姿勢が態度ににじみ出ていますからね。

そういうところがなきゃダメなんですよ。

それに対し、口先だけのお調子者はご遠慮願いたいですね。こちらの話を聞いている素振りを見せるけど次に会ったときには忘れている。「勉強になります」なんていっていても実際はまったく身についていない。非常に不誠実。何を言っても張り合いがない。そういうのも、一目瞭然です。

やっぱり、その人の「誠実さ」。誠実さが決め手になるのです。あんな誠実な人間は放っておけない、放っておいちゃいけない、って思うでしょう。我々は知らず知らずのうち、誠実な人物に出会うと応援したい気持ちが動いてしまいます。天が放っておかないのです。

縁は後で効いてくる

若い頃、経営関係のAさんという方の勉強会へ行ったときのことです。その方も身体に問題を抱えておられたので、人生にもがく私を見かねたのかもしれません。何回か通ううち、声をかけてくれるようになりました。

すると、「熱心に通ってるな。ところで君は俺に感謝しているか」と聞くのです。「はい、いつも感謝しています」と答えると、「だけど礼状ひとつよこさないじゃないか。今日帰ったらすぐに書け」。確かにそうだなと思い、いわれるままに書いて送ったら、すぐに返信がありました。妙に大きな封筒です。開けると、私の礼状が真っ赤に添削されて入っていました。

なんとそれから、封筒の宛名を書く位置、時候の挨拶のバリエーション、お願いごとの気の利いた表現など、細部に至るまで手紙を直してはさらに添削を受け……とやっているうちにその回数は30回にも及んだのです。

よくぞそこまで、一人の人間にエネルギーを注いでくれたものだと思います。おそらく、「ハンディがあるからこそ、人の5倍、10倍やんなきゃダメなんだぞ」と伝えたかったのだと思います。

Aさんのような、自分を引っ張り上げてくれる存在とたくさん出会えたからこそ、得られたチャンスがたくさんありました。私の経験からいうと、そういう人物は総じて10歳以上年長です。どこかで見ていて、チャンスをくれるのです。

だから、人間がたった一人で、チャンスに恵まれていくということはまずないというのが私の持論です。そして、誰もが私にとってのAさんのような存在をつくっていくことができます。チャンスは等分なのです。

器用に仕事をこなして評価を得ようとする人は、便利な存在ではあっても、人と縁が築けません。不器用でも相手が喜ぶ顔を見ようと必死になったり、自分の納得がいく仕事をしようともがいている人を、人は応援したくなるものです。それは、人間関係を大切にすることと同じだからです。だから結局、人との縁を大切にしている人のもとへチャンスが転がり込むのです。

「人間力」がある人とは？

大丈夫とは、
「正しい」の規準となる「線」を
自分のなかにしっかり引ける人のこと。

人格の磨き方

「大丈夫」とは、「立派」な「大人」のこと。立派な大人の役割といえば、社会で活躍すること、つまり、仕事です。その仕事をめぐる環境や状況のなかで、前進しよう、成長しようとがんばっているが、なかなか成果が出ない。そんなとき、「自分が上へ上がれないのは人間力がないからだ」と嘆いていませんか？

「あれだけの交渉事を成功させるなんて、人間力としかいいようがない」

「あの人は、会った人間を虜《とりこ》にしてしまう。凡人にはない人間力があるんだね」

確かに、人間力＝リーダーの条件、というイメージがあります。ビジネスには欠かせない要素だと考えられています。では、人間力って一体何ですか？　と問うと、私の講義に出席している生徒さんの多くも、ほとんどが答えられません。皆、使い勝手のいい人間力という言葉を漠然ととらえているのです。

「大丈夫」という生き方を実践するため、人間力とは何かをここで明確にしてお伝えしようと思います。**人間力がある人とは、ひと言でいえば、正しい判断ができる人の**こと。

「正」という字をよく見てください。どんなふうにできていますか？　「〃一〃の線で〃止〃まれ」と書いてあるでしょう。問題が起こったとき「こっちだよ」と正しい方向や実践方法を示せる、迷い悩んでいる人を見たら「こうするといいんじゃない？」と導いてあげられる。そういう判断を間違いなくできる人ということです。

一歩、外へ出てみれば、世の中は線だらけです。横断歩道がなければ、交通に混乱をきたし、交通事故が頻発し、我々は安心して暮らすことができません。小学校の運動会に行ってごらんなさい。白線だらけでしょう。リレーのコースだけでなく、あちこちに白線でエリア分けがしてあります。そうじゃないと、子どもたちが勝手バラバラに動いてしまうからです。

目に見えない線もありますよ。最もわかりやすいものが、ビジネスコンプライアンス。企業が活動する際の法律やルール、法令遵守ですね。法令違反や不祥事を防ぐ役割を果たしています。しかし、こうした「線」は、人間のなかにもともと備わっていなくてはいけないものなのです。本来はその役目を教育が担っていました。

教育には二つあり、一つは技能教育でもう一つが人格教育です。明治以前は、たっぷりと人格教育を行ったうえで、技能を教えました。ですから、知識や知恵の吸収が早かったのと、それらを間違った方向に使う心配が少なかった。「規矩《きく》をもっている人」（後ほど説明しますが、行動の規準をもっている人）が自然に育っていったのです。つまり、「立派」な「大人」がうようよいたわけです。

明治維新に尽力した人物たちの平均年齢は約30歳。こうしたことからも、いかに教育が重要だったかがわかります。

ノーベル経済学賞を受賞した、『幼児教育の経済学』（東洋経済新報社）などの著書もあるアメリカのジェームズ・J・ヘックマン教授は、就学前児童の教育の違いがもたらす長期的な影響について一連の研究を行いました。

ベースになっているのは、1960年代にアフリカ系アメリカ人の低所得家庭の子どもに実施されたペリー就学前プロジェクトと、1972年から1977年に生まれたリスク指数の高い家庭の子どもに実施されたアベセダリアンプロジェクトという研究。アベセダリアンプロジェクトの介入はより徹底しており、平均生後約4カ月の子ども約100人を対象にし、子どもを2つのグループに分け、一方には教育活動を行わず、一方だけに最新の教育理論に基づいたプログラムを全日実施しました。

子どもたちは、大人になるまで継続して追跡調査され、その結果、重要なことがわかりました。

それは、よい教育プログラムを受けて育った子どもは、学校の出席率や大学進学率が高く、スキルの必要な仕事に就いている比率が高いだけでなく、教育介入を受けなかったグループに比べて、生活保護受給率や犯罪行為に手を染める比率も少ないということでした。つまり、ヘックマンの研究からわかることは、就学後の教育の効率性を決めるのは、就学前の教育にあるということです。

現代は教育の中身が希薄で、「この線で止まる」の規準を知らずに成長してしまいます。だから大人でさえも有事には右往左往し、正しい判断ができません。そして、周囲からは信用されず、自分も自信を失う。そういう悪循環が生まれてしまいます。

古典に立ち返る

では、今、どうすればいいのか。現代人のヒントになるのが孟子の思想です。

儒教では、常に人が守るとよいものとして定めているものに五常の**「仁・義・礼・智・信」**があります。この五つを行動の規準として心に置いておくと、自分が間違った方向へ進まずにすむだけでなく、周囲をまとめる際の助けになるでしょう。

仁は、他人を思いやり、いたわる気持ちです。自分の思い込みだけでなく、周囲の人間の声に耳を傾け、相手をいつくしみながら正しい落としどころを探れるか。

義は、筋道を守ろうとする気持ち。義侠心といい換えると、わかりやすいかもしれません。善くない行いを恥じ、悪を憎むことです。

礼は、社会秩序を保とうとする心。人間関係を円滑に進めるための秩序を維持し、実践していくこと。

智は、正しいことと間違ったことを区別する心です。ものごとや現象の是非（善悪）を判断するものさしや規準を大切にすることを指します。

この「仁・義・礼・智」を「四徳《しとく》」といいます。「人間の本性は善である」という「性善説」を説いた孟子は、これら四徳が人の心に本来備わっていると説明し、四徳が揃えば自ずと「信を得る」ことから、後に「信」が加わり五常となりました。

信は、まことの心です。欺《あざむ》かない、偽らない、約束を守る。信を実践することで、周囲からの信頼感が増します。

このような話を若い人たちにすると、意外なことに「そういう話が聞きたかった！」

という反応が起こります。やはり、日本人のＤＮＡにある何かが呼応するのでしょう。

「立派」な「大人」を目指すのですから、迷い、自信を失ったときこそ、先人の教えに立ち返り、自分で自分に人格教育を施すつもりで古典を手に取ってみてはどうでしょう。困ったときの古典。そう覚えておくだけで、生きる羅針盤になります。

「**休息**」を大切にしているか？

忙しいときほど
懸命に働くのと同じくらい
真剣に休む。

危険なつじつま合わせ

「田口さんだから、正直に告白しちゃうけどね」と前置きをして、ある会社の役員を務めている人がポロッとこぼしたことがあります。「肩書がつけばつくほど、まともに仕事をしていないのではないかと思うんだよ。でも、それでも通用しちゃうのが会社なんだよね」と。

その人は、毎日を無為に感じながらも、毎日ずっと会社にいます。ハンコを突くなど、大切な仕事が確かにあるのです。ただ、まったく楽しくない。それでも会社にいなくてはいけないからいます。自由に振る舞うと、罪悪感が生じるからです。つまり、会社と自分の人生のつじつま合わせをして暮らしているのです。

「働く」とは、「傍《はた》を楽《らく》にする」ことといわれます。ですから、**本来の「働く」の意味は、周りを楽にすること。周囲を幸せにすること**なのですね。となれば、働いている本人も楽しいはずです。

だから、いちばん良くないのは「働かされている」という概念。同じ時間だけ労働に従事していても、「働く」と「働かされている」では全然違うでしょう？　日々が無為だったり、目的を見失ってしまうのは、働かされているからにほかなりません。

私はその人に、「一つひとつの仕事を真剣勝負だと思って、もっと自分をかき立ててみてもいいんじゃないですか。そうすると、働くということがどういうことか再確認できるでしょう。それをやらないで今のままだと、危機が訪れますよ」と伝えました。「大丈夫」という生き方は、つじつま合わせでは得られません。

また、今の例とは逆の「働かされている」ケースもあります。

国が「働き方改革」というスローガンを掲げ、長時間労働や残業時間の是正を行おうとしています。しかし、「絵に描いた餅」だと感じている人は少なくないでしょう。実際、いくら在社時間を減らしても、こなしきれなかった仕事を自宅へ持って帰るのであれば、長時間労働の解決にはなりません。

ある働き盛りのビジネスパーソンが、「結局、隠れ残業です」といっていました。休日も家で仕事をこなし、休みたくても休めない。でも、皆同じ条件だから右へ倣《なら》えで我慢するしかない。仮に休めたとしても、休むことに罪悪感を覚えてしまう。

これもつまりは、会社とのつじつま合わせです。

多忙な人ほど暇に見える

今の二例は、前者は日々にメリハリがなく、後者は休むことが現実的に難しい。どちらの意識の底にも、「働かされている」というマイナスが潜んでいます。この意識をそのままにしていると危険なのは、そういう暮らしに疑問を持たなくなってしまうこと。生活やライフスタイルを変えようという方向へ意識が向かなくなることです。

大活躍している人というのは、押しなべて過密スケジュールで動いています。私もかなり忙しい人間ですが、自分よりも忙しいと思われる人に会っても、そういう人ほど余裕を感じます。むしろ、暇そうに見えます。

おそらくそれは、真剣に休んでいるからでしょう。仕事でよいパフォーマンスを発揮するためには、懸命に働くのと同じくらい、真剣に休むことが必要です。**自分主体で命がけで働いているからこそ、ゆったり休むなんてもったいないと思ってるんだよね。だから、ちょっとの空き時間に徹底して休む**のです。

私の今一番のお気に入りは、「全部脱ぐ」という方法です。たとえば、事務所に来客があるとしますね。1時間ほど打ち合わせをして、15分後にはまた次の来客の予定がある。そういうとき私は、来客を見送り、ドアが閉まった瞬間、「全部脱ぐ」。

上着、シャツ、ネクタイ、靴、靴下……。パンツはまあ、はいたままでいいでしょう。その状態で、椅子に全身を投げ出すように座り、芯からぐで～っと脱力します。そうすると、もう本当にくつろげます。ビシッとネクタイを締め、上着を着たまま休むのとはまったく違う解放感が得られるのです。

それでひと息ついたら、またパパッと服を着る。その間、ほぼ5分。たったそれだけの時間で、心身ともにリフレッシュできます。

休み方がうまいというのは、決して、長時間休むということではないのです。

もう一つの方法は、本業とまったく関係ないことをやること。最近は時間が取れないのですが、以前はよく朝5時に起きて、都内から河口湖まで車を飛ばしました。風景が日常と異なり、朝の冷気が気持ちいい。湖の近くのお気に入りのレストランで朝食をとり、東京へ戻ると9時。ほんの3、4時間ぐらいのことで、随分息抜きできるのです。若い頃は、ジャズギターのライブを楽しんだり、地理が好きなので古地図をもって散歩したりしました。

こうしたお気に入りを一つ持っておくと、ピンチのときの助けになります。

「身軽」を手に入れませんか？

モノを溜め込んで捨てられないなら、
自分を捨ててみる。
一人で何も持たずに生きる無常こそ、
本当の自由です。

余計なことが減れば心は純粋になる

老子が、「忘知」というタイトルの章でこんなことをいっています。

「学を為《な》せば日に増《ま》し、道を為せば日に損《そん》す。
之を損し又損し、以《も》って無為《むい》に至る。
無為にして為さざる無し。
天下を取るは常に無事を以《も》ってす。
其の有事に及びては、以って天下を取るに足らず」

次のような意味です。

今の世の中は知識の詰め込みを強要するから、学べば学ぶほど混乱する。これに対し、「道」のあり方を実践していると、本質のみを行うので、余計なことはどんどん減っていく。

余計なことがどんどん減っていった末には、妙な思惑も、作為も、人為もない、純粋な心、つまり無為が待っている。
無為の状態になればなるほど、「道」の働きが強まるので、行えないことがなくなる。
大丈夫な生き方をするには、まず何事も支障や問題がない状態にすることだ。
そうすれば、有事にあっても「ご無事で」といった境地に至れる。

つまり、老子は減らすことに価値を見出したのです。学問が詰め込み式であるように、我々もモノを所有することに価値を置いてきました。その結果、モノに支配され、「捨てられない！」という悩みに振り回されています。

どうして人は、モノを捨てられないのでしょう。「これがないと困る」「あれはいつか役に立つかもしれないから」。さまざまな理由をつけて、何かとモノを捨てずに溜め込んでしまうのは、モノを失うことの怖さが前提にあります。

だから、そこで考えてほしいのです。あなたは、どうやって生まれてきたのですか？　裸でしょう。じゃあ、何か持っていましたか？　何も持ってはいなかったでしょう。皆、一人、体一つで生まれてきたのです。

では、死ぬときは？　預金通帳を持っていきますか？　行きませんね。あの世には何も持っていけません。死ぬときも、皆、一人です。

要するに、人が生きる本質というのは、「一人で、何も持たない」ということなので
す。これを3カ月くらい徹底的に自分にいい聞かせながら生活していると、捨てるこ
とが快感になってきます。**どんどん捨てるうちに、無為になれる。**そこに、身軽に生
きるコツがあります。

根本から発想を変える

私の事務所は、2面の壁が本棚になっており、何千冊という書物が並んでいます。こ
れだけのモノを捨てようとすると面倒くさいですね。では、どうすればいいかという
と、自分つまり私自身を捨てればいいのです。

「モノを捨てる」というのは、自分本位の考えです。自分が捨てる捨てないを決めて
いるのだなどというのは、よくよく考えてみたら驕《おご》りでしょう。いつからそんなに偉
くなったのだ、と。だから、逆に自分を捨てるのです。つまり、自分がそこから出て
いくのです。そういう心持ちで生きていると、モノへの執着がなくなります。モノか
ら解放されれば、心にこびりついている過去の失敗や恐れからも解放され、「さあ、今

日はどうやって楽しく生きるかな」と考えられるようになります。寅さんの境地ですね。自由になれます。そして、今に集中できるのです。

私は長年、俳人・松尾芭蕉の研究をしていますが、芭蕉もまさに老荘思想に生きた人でした。俳諧師として生きるため、とりあえず生活を成り立たせる商売に励み、水道工事屋の店をもつまでになります。しかし、その店が繁盛すればするほど、初志である俳句の世界は遠のきます。苦悩の果て、芭蕉は店も家族も財も名声も、つまり生活のすべてを捨て、「野ざらし紀行」や「おくのほそ道」の旅へ出ます。

芭蕉は文化人としてだけでなく、生き方のヒントの宝庫です。発想が行き詰まったとき、どうすれば本質にたどり着くことができるか。意のままになることなど一つもないとき、どのように視点を変えてみるといいか。商品開発や企画立案に役立つことが、芭蕉の人生にはぎっしり詰まっています。それはとりもなおさず、「一人で、何も持たない」という老荘思想を体現しているからでしょう。

すべてを捨てて旅に出ろということがいいたいのではありません。うまくいかないという現実が目の前にあるのならば、何か発想を変えなくてはどん詰まりです。どん詰まっている今から抜け出す、今すぐにでもできる方法が「捨てる」なのです。

「人生計画」を持っているか？

10年後の自分を緻密に想像してみる。
不思議なことに
「人生に説得力」が出てきます。

欲望の塊のはずなのに

人生にもがいていた32歳の頃、ある社長からこんなことをいわれました。

「あんたはなかなか見どころがある。ただし、どこかバサーッと足りないところがあるね。だから、人生にまったく説得力がない」。

そして、「それは、人生計画がないからだ」と断言しました。人生計画がある人は、話にも、文章にも、佇《たたず》まいにも、生き方にも、すべてに説得力があるのだとその方はおっしゃったのです。すごいアドバイスでした。

その後、その方の紹介で、あるアメリカ人が行うライフプランのセミナーに参加しました。

すると、会うなり「君、欲望はあるか」と聞くのです。意気揚々と「私は欲望の塊です！」と答えると、その講師は、「君のような男を待っていたよ」と大喜びで、「聞かせてくれよ、君の欲望を！」と急き立てました。

しかし、私は何もいえないのです。お金がほしい、仕事がほしい、いい家がほしい、もっと実力がほしい、もっともっと活躍したい。そういう欲望をイヤというほどもっているはずなのに、言葉が出てこない。何一つ具体的に浮かばないのです。人生計画がないというのはこういうことかと、腹落ちしました。その男には「You are a liar」と追い返されました。

その夜、悔しくて、この先20年間の人生計画を具体的にノートに書き出しました。まず、家です。間取り、坪数、門構え、壁の色はどんな具合で、その家の明確な住所。会社はどう発展しているか。収入、社員数はどれくらいか。徹底的に考え、翌朝一番でその講師に提出したら、再び「私は君のような男に会いたかったんだよ！」。そして、今度は「素晴らしい、がんばれ！」と励ましてくれました。

計画は10年後がベスト

戦略書の原点として、現代にもファンが多い『孫子』では、「出たとこ勝負は敗者の戦法」だといっています。最もヒントになるのは、「之《これ》を経《おさ》むるに五事《ごじ》を以《もっ》てし、之を校《こう》するに計《けい》を以てして、其《そ》の情《じょう》を索《もと》む」という言葉。

「五事」とは、簡単にいうと、「道」（大義名分、目標はあるか）、「天」（時、タイミングは適切か）、「地」（自分の能力やフィールドに合っているか）、「将」（具体的な実力があるか)、「法」(チームや組織は万全か)。

私流に解説すると、**「自分の人生を手に入れるには、情報を集めて準備し、この五つの視点をもって、子細な計画を立てなさい」**となります。

計画なしで生きるのは、無計画でエベレストに登ろうとするようなものです。そんなノー天気な人はいないでしょう。いきなりエベレストには登れないから、身体を鍛えるだろうし、チームを組むだろうし、時機を考えたり、道具を準備したり……というプロセスがある。何が起こるかわからないから、緻密な準備をして計画を立てます。そうじゃないと、命を落とします。これを人生に置き換えると、人生計画が命綱になるということです。

その命綱をつくるポイントは二つあります。

まず一つ目は、夢と願望の違いを知っておくことです。夢は憧れに近いものですが、願望は目標。人生計画とは、目標を書き記すものです。どんな目標をいつどんなふうにクリアしていくのか、一つひとつ階段をイメージして書き出してみてください。その目標に到着するまでの階段、プロセスを綿密に描く。そうすると、「本当に行けるかもしれないな」と思えてくる。潜在意識に刷り込まれるから達成されますよ。

二つ目は、10年後を想像することです。20年後でもいいのですが、スパンが長いのでどうしても曖昧な部分が出てきます。私自身が60歳を超えて以降、計画は10年単位がベストだとわかりました。

もちろん、一朝一夕に10年先までの具体的な計画を立てるのは難しいので、焦らずじっくり時間をかけて大丈夫です。1年くらいかけて考えても結構。その間に情報を集め、10年後にどうなっていたいか、そのために何をやるのかを、緻密に記していってください。

時代の移り変わりが速く、世の中の変化が激しい今、計画を立てることに意味があるのかといぶかしむ方もいるかもしれません。でも、先が見えないからこそ、緻密《ちみつ》に計画するのです。緻密に行えば行うほど、あとで見直すと、ピタ—ッと合致している部分もあるのだけど、計画よりももっと良くなっている部分もたくさんある。私なんて、人生計画より笑っちゃうくらい現実のほうがいいです。そういう風にできているんですね。

さて、30代の私がライフプランセミナーで立てた20年の人生計画には、後日談があります。50代になって人生に変化が表われ、52歳で引っ越すことになり、荷物を整理していたら、そのときのノートがひょいと出てきました。

パラパラとめくっているとき、ハッと目に留まったのが住所。それはまさに今から自分が引っ越そうとしている住所だったのです。さらに驚いたことに、子ども2人が誕生した年まで、当時のメモと同じでした。

頭のなかでぼんやりしていた願望を具体的に書き出したことで、潜在意識に働きかけていたのでしょう。20年先のプランがすでにあったから、後はそれを無意識になぞりながら、目標を叶えることができたのです。

目標をもって生きている人ほど強い人間はいません。人生計画は、強く、幸せに生きていくためにつくるものです。「大丈夫」という生き方には欠かせない、人生の地図です。

「結果」だけ追いかけてもダメなんです。「因縁果」で風景の見方を変えてみよう。

財の外に立つ

あるところに、ふた組の人間がいました。ひと組は夫婦です。「ねえお父さん、あと1000円、月給上がらない？」「1000円なぁ、それが難しいんだよ」。家庭でいつもこんな会話をしています。

もう片方は、一人の男です。家のなかには何もありません。それどころか米びつには一粒の米もありません。しかし平然とし、貧しさに屈せずに、仕事とは何か、企業とは何か、経営とは何か、人の幸せとは何か、国家はどうあるべきか、天下はどうあるべきか。そんなことを思案し続けています。

1000円がほしい夫婦は、結局、1000円、1000円といいながら墓場へ行くことになるでしょう。決して、給料は1000円上がらないのです。一方、今は豊かではない男は、いつか財を築くでしょう。

このような話を『理財論』という経済概論として残したのが、山田方谷《ほうこく》という人物です。幕末期の儒学者で、十万両の借財に苦しむ備中松山藩（現在の岡山県の一部）の財政をわずか8年で立て直し、それどころか十万両の蓄財をなし遂げました。十万両は、現在の価値に換算すると300億円ともいわれています。

幕末の「再建の神様」と呼ばれた方谷は、「天下のことを上手に処理する人というのは、事の外に立っていて、事の内に屈しないもの」といっています。財政についても同じで、「財の内に屈するから、貧するのだ」と指摘しています。

つまり、財の内にいて汲々《きゅうきゅう》としているのが、1000円、1000円といっている夫婦。財に恵まれたいのであれば、米びつが空の男のように、財の外に立っていなければいけないのです。視点が違うんですよ。視点が。

人間が関与できるのは因と縁まで

お金がなくて苦しい人、お金に振り回されて苦しい人。さまざまなお金の問題があると思いますが、そもそもお金って何ですか？　東洋思想的にいうと、お金とは単なる結果です。ただの物質で、何でもありゃしません。

1000円がほしい夫婦は、結果から得ようとしているわけです。その結果を生み出している原因を考えることはありません。結果から入っちゃいけないんです。でも、結果ばかりに目を奪われず、根本から見てみれば、よい結果を得る本当の方法に行き当たる。東洋思想ではそれを**「因縁果」**といいます。

どんな出来事も原因があって結果があるでしょう。原因がない結果なんてないのです。よい結果のためにはよい原因がなければいけない。こんなの子どもだってわかる理屈ですよ。だから、**よい結果を得たければ、なぜよい原因をつくらないのかってことです。**

因縁果という字をよく見てください。因と果の間に縁が入っています。これは、よい原因がつくれたら、縁がそれを数万倍のよいものにしてくれるのだといっているのです。

因とは、我々の行いのことで、ものごとの直接の原因。自然界でいうなら「種」に当たります。縁とは、因を助け、結果を引き起こすもので、「環境」です。果とは、因と縁が結びついて起こる結果で、「収穫物」です。

我々人間が関与できるのは、この因と縁の部分だけです。果は天や神の領域。そんなところまで人間が図々しく踏み込んでいくのは間違いなのです。結果にばかりフォーカスしてエネルギーを使って因のところにエネルギーを全く使っていない。それじゃ結果が良くなるわけないんです。だから私たちは、因と縁をつくることに猛烈に情熱を傾けるべきで、そこにこそ頭を使うべきなのです。そうすればそれなりの果が天の采配で与えられるということです。

そして、「財の外に立ち」、風景の見方を変えるのです。

桜が咲けば、皆、「きれいな花だ」と愛でます。しかし、東洋思想的には、「なんと立派な根っこだろう」と見るのです。立派な根っこだから、花も立派に咲くんです。そういう見方に徹して生きている人は、やっぱり絶対、結果がいいんです。こういうものの見方ができると、自ずと結果が変わってきます。「お金がないといつも嘆いていると、お金に好かれないよ」なんていう人がいますが、私にいわせれば、そんな本質からズレたことをいっているから、お金がない人生になるんです。

もっと根本的に見てごらん、ということです。もっと大切なところを見るようにしなきゃいけないよ、と。嫌でもいい花が咲いてしまう、そういう根っこにしておけばいいんじゃないでしょうか、自分も人生もね。そこにおもしろみがあるわけですから。

2章

生きづらさを抱えている、あなたへ――

あなたは「大丈夫」ですか？

私はこれまで「東洋思想をベースにした経営指導者」として、1万人以上の方々に会ってきました。年齢や置かれた環境、立場など多種多様な人たちの相談事や悩み事を聞き、対話を重ねながら、あるときハッとしたのです。

「私、大丈夫でしょうか……」

そんな声、そんな意味の言葉をやたらと聞くようになったからです。「この先もやっていけますかね」「そもそも、ちゃんとやれてるんでしょうか」。誰もが知る会社の肩書をもち、周囲が羨《うらや》むような社会的立場の人もいます。一念発起、起業して世に打って出た強者、家庭と仕事を両立させているスーパーウーマンもいます。世間的には、「あの人は大丈夫」と映るであろう存在です。

しかし、心で抱えている生きづらさ、得体の知れない不安、焦燥感……といったものが今にもあふれそうで切羽詰まっています。

「おや？　大丈夫ではない人がやたらと増えていないか？」。そして、「皆、大丈夫ではないから、私のところへやってくるのだな」と受け止めるようになりました。きっとあなたも同じなのでしょう。だから、本書と出会ったのです。では、せっかくのご縁ですから、ちょっと考えてみてください。

大丈夫とは、どういうことですか？

人によって思い浮かべることは違うでしょう。

「仕事があれば大丈夫」「大病さえしなければ」「やっぱりお金でしょう」。確かにどれも大丈夫といえるための要素です。ただ、それだけでは大丈夫とは思えないことも、同時にわかっているのではないですか。

「仕事があれば大丈夫」かといえば、「給料が頭打ち」「昇進できない」「ライバルに抜かれた」「左遷させられた」「吸収合併で〝肩たたき〟候補に入っている」「会社がつぶれそう」など、何かしらの悩みがあるものです。

出世できても、健康でも、貯金があっても、結婚していても、子どもや孫がいても、つまりどれだけのことが手の内にあっても、本当に「大丈夫だ」「これで安泰だ」ということにはなかなかならない。快晴！　万々歳！　と安心した先から、不穏な雲に覆い尽くされてしまうということは、人生に必ず起こります。

では、そんなときどうすればいいのでしょう。

「大丈夫」は待っていても来ません

そもそも**「大丈夫」とは、「大」＝「立派な」、「丈夫」＝「大人」**という意味があります。中国の戦国時代、紀元前３００年頃、成人男子の身長が一丈であったことからそう呼ぶようになったのです。それが日本に伝わり、江戸期には「大人」のことを「丈《じょう》夫《ふ》」というようになり、「大丈夫」という言葉が生まれました。

その「立派な大人」とはどういうことなのかを本書で説いていくわけですが、私流にいうと**「規矩《きく》をもっている人」**ということになります。

「規」とはコンパス、「矩」とは物さしのことで、長さを測ったり直角を確かめるときに用いるL字型の曲尺《かねじゃく》。それぞれ円形と方形をつくり出す器具です。日本の木造建築は、水平と垂直だけでなく規矩を用いた立体幾何的な作図がもとにあるからこそ、伽藍に代表される美しい造形物を後世に残すことができました。

いってみれば、立派な建築物のもとになるのが規矩です。そこから転じて規矩には、**「人の行動の規準」**の意味があります。


苦しくて仕方がないとき、人は何をすべきなのか。

人生のピンチが訪れたとき、どんな心構えでいればいいのか。

儲かってウハウハのとき、気をつけるのはどんなことか。

身近な人間が溺れそうなとき、どうやって援助の手を差し伸べるといいのか。


このようなとき、「立派な大人」の判断に基づいた行動が取れると、心乱れず、落ち着き、澄み渡った心持ちで生きていくことができます。そういう人は、傍で見ている人に安心感を与えますね。結果として周囲に人が集まり、よい環境で力を発揮でき、いつも愉快に暮らしていけるのです。これが、「大丈夫」ということです。

まず、あなたに知っておいてほしいのは、特別な人だけがそうなれるわけではないということです。誰でも「大丈夫」になれるのです。

なのに、です。どうしてこうも多くの人が不安顔で、縮こまり、暗い眼差しで、今や未来を嘆いているのか。そして、本来の能力を封じ込めてしまっているのか。「人生、そんなものだ……」などと、悟ったふりをしている場合ではありませんよ。

「大丈夫」という生き方ができる人は、「自分は大丈夫になるのだ！」と自分自身に宣言し、行動した人だけです。つまり、「大丈夫」は、ただ生きていれば向こうから勝手にやって来るものではないということ。

だからこそ、今、心に不安がある人こそ、「自分は大丈夫になるのだ！」と宣言するといいのです。そうすれば、人生は間違いなく好転します。

このように断言できるのは、私の実体験があるからです。本書を読み進めてもらう前に、まず私自身のことをお話ししておかなければならないでしょう。

悲惨な私の30代

私は、大学卒業後、映画制作会社に就職し、ドキュメンタリー映画畑にいました。意気揚々と自分の目標へ向かって歩いていた25歳のとき、生死の境をさまよう出来事に遭います。

当時、記録映画の監督をしており、撮影で訪れたタイのバンコクの水田でのことでした。突然、水牛が突進してきたかと思ったその刹那、右の腎臓を突かれて空中に投げ出され、何度も地面に叩きつけられたのです。一瞬のことでした。同行者によると、私は意識朦朧《もうろう》としながら、飛び出した内臓を自分の体に戻していたそうです。

意識を取り戻したのは3日後でした。ですが、それから10日ほどのことはよく覚えていません。夢なのかうつつなのか、トンネルを猛スピードで進んでいくと、パッと視界が開け、そこには花畑と青い空が広がっている。あー、気持ちいいなぁ、ここでゆっくり眠ろうか……とまどろみはじめると遠くから誰かの呼び声がします。目覚めるといつもの病室だった、という体験を何度もしました。病院にいるはずのない人に会って会話をした記憶もあります。いわゆる臨死体験というものなのでしょう。

そうした期間を経て一命をとりとめ、やがて車椅子に乗れるほど回復し、何とか帰国できました。しかし、長期間の療養とリハビリの末、医療の限界を宣告されます。今後は透析、腰や背中の激痛、身体的不自由さといった〝荷物〟を背負っていかなくてはならないことが決定づけられました。まだ25歳という若さで、私はいきなり絶望の淵に突き落とされたのです。

でも、ここまではほんの序章でした。本当の苦難はここからで、とにかく食っていくためにそれまで勤めていた映画制作プロダクションに復帰しようとした矢先、そこが解散してしまったのです。いきなり無職です。

就職活動をしたくても、身体の痛みが四六時中あるのですから、満員電車には乗れない。歩き回る営業職は無理。社会で役立つ資格も何一つ取得しておらず、専門知識もゼロ。どれだけ履歴書を送ったか知れませんが、どの会社からも門前払いです。

そこで、唯一自分にできそうに思えたのが、在宅でも可能な「書く」仕事でした。30歳で結婚。その頃すでに執筆業で生計は成り立っていましたが、もっと生き甲斐を感じる仕事はないものかと、経営者にアドバイスをする会社を設立しました。しかし、経営はうまくいかず、生活は赤貧洗うがごとし。どれだけがんばっても、人生は好転しません。

そんなとき、「そうだ、私には『老子』がある」と気づいたのです。

東洋思想が希望をくれた

バンコクで病院へ運ばれる途中、激痛とは裏腹になぜか意識が冴えわたっていました。すると突如、白髪の老人が目の前に現れたのです。そのとき交わした対話の詳細を公にはできませんが、私の記憶はそこで途切れ、その後3日意識を失うわけです。

一命をとりとめた後、私の事故を伝え聞いた在留日本人が見舞いの際、1冊の本を置いていきました。それが『老子』でした。

すこしでも身体を動かせば激痛が走り、呼吸に合わせて四六時中痛みが襲うなか、『老子』を読み進めると、痛みやつらさが遠のき、力づけられていきました。それまで東洋思想に精通していたわけでもないのに、白文（日本語での語順を示す返り点、送り仮名、句読点が記されていない漢語の原文）を見ていると、難しい言葉がスラスラと頭に入り、意味が理解できるのが不思議でなりませんでした。

私が言葉を交わした白髪の老人は老子ではなかったか……！　そう直感しました。ざっとお話しすると、これが私と東洋思想の出会いです。

30代の私は、「苦痛一点張り」の毎日で、夜が明けるのが恐ろしいようなありさまでした。人間関係のトラブルで悪い評判がいきわたり、四面楚歌の状態に追い込まれる。借入金の返済に四苦八苦する。無理な注文も引き受け、地獄の苦しみを味わう。

この状態をどうしても変えなければいけないと思いました。そこで『老子』を読み直そう」と思い立ち、毎朝5時から7時の出社前の2時間、中国古典思想を読む時間に充てることに決めたのです。

最初の頃は、白文をノートに書き写していました。漢字一つひとつが意味するものを考え、文意を自分なりに考えるのが楽しかったのです。毎日積み重ねていくと、自分自身が太く強くなっているような気がしました。読めば読むほどおもしろく、発見の連続で、ただただ夢中でした。

中国古典には、孔子、孟子、老子、荘子、孫子、韓非子など、多くの思想家がいます。今から二千数百年前の、これら諸子百家の思想は多種多様です。１回や2回読んだだけでは奥深さがわかりません。表面を舐めただけでわかった気になったり、何かを得たと満足するのはおこがましいというものです。

しかし、それぞれを10回、50回、１００回と繰り返し読んでいくと、しだいに生きるために大切な原理原則のようなものが、私のなかに浮かび上がってくるようになりました。のちに振り返ってわかったことですが、古典を読み尽くした経験が、私にとっては「精神基盤整備」になったのでしょう。

生きている状況が過酷で苦しいとき、もう先がないとあきらめてしまいそうなとき、一番役立つものは何かといえば言葉なんです。思想家たちは、よりよく生きるためのこのうえない知恵を教え伝えようと言葉を残しました。

ですから、なぜ古典を読むのかといえば、それは救われるためです。逆にいえば、救われるくらい何度も読まなくてはいけないのです。

とはいえ、古典を通して東洋思想に触れはじめたばかりの30代の私が、すぐに「これで人生、大丈夫」と安心できるほど、人生は甘くありません。40代で新しい仕事に着手したら、今度は逆に儲かって大金が動きすぎるために苦しむ日々。恥ずかしながら告白すると、30代、40代の私は、まったく「大丈夫」ではなかったのです。

そんな状況でも東洋思想の勉強だけは続けていました。そうすると、仕事関係者との会話にちらっと老子や荘子の言葉が顔を出すのです。それを「おもしろい!」と興味をもってくれる人が周囲に増え、経営者向けに「中国古典講座」をやってくれないかと声がかかるようになりました。願ってもないことでした。

49歳の8月31日をもってそれまでの会社「イメージプラン」を閉鎖し、翌日の9月1日に、同名の「イメージプラン」を設立。営業内容をガラリと変えて、多くの経営者やビジネスパーソンを対象に、東洋思想を軸にした講義や研修を続けています。

誰でも「大丈夫路線」に乗換可

悩んでいる最中というのは、いったい自分が何に悩んでいるのかわからなくなるものです。

私自身、そういう時期を長く過ごしてきました。その経験があったからこそ、70代になった今、悩むことは無意味ではないよといってあげることができます。暗い顔をしていたり、目の輝きが失われていたり、もがきにもがいている人たちに対して、助け船を出してあげられます。

ただ、不運から一度命を失いかけた私は、一方でこうも思うのです。

安易に生きてもらっちゃ困りますよ。

しっかり生きておくれよ。

なんとしてもよい人生を送ってくれよ。

もうやり直せないと考えている人たち、生き方などそう簡単に変えられないという人たち。その考えでは、永遠に「大丈夫じゃない」ままです。「大丈夫」とは何かというと、今をちゃんと生きていけること。そして、60歳以降、尊敬され、頼りにされ、愉快な毎日を送って人生の幕を閉じることです。

今すぐ、「大丈夫じゃない路線」から「大丈夫路線」に乗り換えてみませんか。駅のホームで乗り換えるように、気楽に考えてごらんなさい。これまでとは異なる考え方やものの見方を「採用」してみると、見える景色も変わってきます。

そして未来の「大丈夫」な人をつくる

そして、もうひとつ。いま自分たちが「大丈夫」路線に乗り換えられたなら、是非とも未来の「大丈夫」な人たちのため、つまり教育にも目を向けて欲しいと思うのです。

教育の基本は立派な人間にすること、つまり「大丈夫」な人間をつくることです。立派でもない人が社長になったり、立派でもない人が総理大臣になったら、かえって迷惑でしょう。だから、ベースとして「立派な人間」を育てて、そういう人が「自分はこの道で生きたい」と心から希求する道を歩く。そこが大事。

今こそ、人間の基盤をしっかり作ってあげる教育が必要なのではないでしょうか。だから「英語世界一」とか「数学世界一」というのもそれはそれでいいけれど、「親切世界一」とか「あたたかさ世界一」という子どもだっていいじゃないかと。要は、人間は誰でも世界で一人しかいないわけだから、みんながみんな「世界一」。世界一の人間をつくる教育をすべきなんじゃないかと思います。

子どもも小学校に入る頃にでもなれば、だいたい自分の人生を意外と考えているものですよ。だから、親はよく子どもと話し合って、こういう選択肢があるんだよ、という選択肢を示してあげるといいんです。「いい会社に入る」という目標なんかは、外面的希求であって、心の希求ではありません。そういうのは、人生の条件づけを単に良くしているだけで、自分自身を成長させる教育ではないのです。自らが「こうしたい」という道を歩いていけるような立派な大人をつくる教育、心をよりよく豊かにする教育。そういうことに、「大丈夫」な大人たちが目を向けたら、日本の未来は大丈夫なんじゃないかと思うわけです。

3章

あせらない

——たとえ、思うようにいかなくても

「他責」で生きていないか？

「なんでうまくいかないのかなぁ」ってとき、思い浮かぶのが人の顔だったら要注意。

内側を見よ

人生がうまく回らず、「あいつが悪い」「業界全体のとばっちりだ」「社会がよくないんだ」「そもそも時代が最悪じゃないか！」とふて腐れ、うだつの上がらない男がいました。

彼は小さな会社の経営者でした。自分はがんばっているのに、何がいけないのか。毎日、毎日、愚痴めいた言葉が頭のなかを占領しているため、表情はギスギスし、言動もトゲだらけです。

そんなある日、決定的なことが起こります。頼りにしていた大口クライアントに、とうとう契約更新を断られてしまうのです。

「大丈夫」とはほど遠いこの男。恥ずかしながら、30代の私です。

「もうがんばれないくらいがんばっているのに、どうしてうまくいかないのだ」と愚痴りたくなることは、誰にもあると思います。そんなとき、周りを見渡すと皆自分よりはうまくいっているような気がしてしまうものです。ラクしているようにさえ見える。ひどい場合は「ずるい」などという感情さえ生まれてしまう。

そうなると、生きづらさは増します。あの頃の私はまさにそれでした。

前章でもお話ししたように、私は25歳で生死の境をさまよう大事故に遭います。一命はとりとめましたが、身体の不自由さは日常にたくさんの制限をもたらしました。そこで、在宅でできるもの書きの仕事をはじめたのです。

それまで勤めていた映画制作プロダクション時代の先輩にかけあい、映画関係者のツテをたどって、テレビ番組の台本や映画の脚本から演説原稿、取扱説明書、スピーチや手紙の代筆まで、書いて稼げる仕事は何でも引き受け、それなりの収入は得ていました。

とはいっても、それが一生の仕事かといえばそんな気持ちではない。心の奥底に「こんなはずではなかったのだ」という無念さがずっと潜んでいました。そこで、30歳を機に、経営者を相手にアドバイスをするコンサルタント会社を設立しました。

オフィスは自宅である六畳のアパート。ただ、何の当てもありません。将来の不安、収入や健康の不安。ありとあらゆる不安に押しつぶされそうになったとき、東洋思想の古典を読みはじめたのです。

すると、徐々に効果が出ました。経営がすこし軌道に乗りはじめたのです。古屋を買って自宅を構え、オフィスを都心に出して、社員も3人雇いました。誇らしい気分にはなれましたが、会社は成長の上昇軌道を描いたかと思えばすぐに下降。何か手を打ってもち直したかと思いきや、新たな問題が生じるということの繰り返しでした。

このときの起業は、正直にいうと、「書く以外にできそうなことはないか」という消極的な理由ではじめたことです。当時、私のなかに「世の中をよくする仕事に従事したい」という思いはあったものの、動機が非常に脆弱《ぜいじゃく》でした。

ですから、うまくいくわけがないのです。イライラが募り、自分を見失っていました。よって、最終的に大口クライアントから最後通牒《つうちょう》を突きつけられたのです。

目指すは「自責の人」

目の前が真っ暗になった私は、事務所を出てふらふらと歩き、とある喫茶店に入りました。テーブルにつきぼんやりとしていたら、突然「このままではいけない！」という気持ちが猛烈に湧き上がってきたのです。

そこで、「自分の何がいけないのか」をとことん考えてみようと思いました。紙とペンを取り出して次々と書いていき、最後の最後に出たのが、「すべて他人のせいにする」という言葉でした。「他責ばかり。自責なし」。それが当時の私だったのです。

うまくいかないのは、部下の働きが悪いからだ。業績が上がらないのは、競合他社がイヤがらせをするからだ。市場状況が悪い。時代が悪い。自分のことは棚に上げ、いけしゃあしゃあとすべてを他者のせいにしていました。人生の大ピンチを迎えて、やっとそのことに気づきました。


うまくいかない人の共通項を教えましょうか？　それは「じゃ、あなたはどうなの？」と言いたくなるくらい環境や条件や他人のせいにばかりしている人です。

もしも、あなたが今抱えている苦しみの理由を解き明かそうとしたとき、誰かの顔が浮かぶようなら、「他責」で生きている証拠です。この境遇はその人のせいではなく、自分のせいなのだと、まず考えてごらんなさい。

そう思いたくない自分がいるかもしれませんが、まずはそう思い込んでみるのです。すると、一つ、二つ、自分側に思い当たる節があるはずです。部下に命令ばかりして相談に乗っていなかった。人の悪口ばかり言っていた。そんなことが回り回って、今の境遇をつくってしまったのだと、肚に落ちる瞬間があるはずです。自分の経験をそのままにしてはいけない。いったん経験を整理しなきゃダメなんです。

そうやって今の自分を認めて自己改善をしていくと、「大丈夫」への道がすっと開けていきます。

苦しいとき、しんどいとき、どんな人でも誰かのせいにしたくなるものです。これは人間の最大の弱点なのかもしれません。でも、私の経験からいえば、**「他責の人」より「自責の人」のほうが断然ラクです。潔く「すべて自分の責任」と思っていたほうが、自由でいられます。**周囲に左右されませんからね。

それに、仮に相手に非があったとしても、相手だけが100％悪いということはあまりないのではないですか。相手にそういう行動を起こさせてしまう理由が、必ず自分側にもあるのです。

「責任は自分にある」と気づいた瞬間、生きている世界がガラリと変わります。東洋思想の視点でいうと、「お天道様は見ている」からです。「こいつ、気づいたな」と見ているのです。

考えてみてごらんなさい。会社だって同じでしょう。「自分はいいんだけど、あの部署がいかん」とみんなが責任をなすり合いしている会社の業績は悪くなる一方です。ダメになった会社の最大の原因を追究すると、他責人間の集合体ですよ。

誰が悪いのかとか、誰のせいなのかなどと分析し裁くのは神の領域です。我々人間がそのような難しいことに心煩《わずら》わされる必要はないのです。そんな裁きは天に任せ、私たちはまず自分にやれることを賢明にやっていればよいのでしょう。

周囲に朝の挨拶をする、感謝の気持ちを言葉にする、自分が悪いときはすぐ謝る。大切だと知っているつもりで、実際にはやっていないことが、まだまだあるはずです。そんな小さな行いから、「自責の人」を目指していきましょう。

「自信」を味方につけられるか？

「おまえみたいな嘘つきはいない」と、
将来、自分自身に
しっぺ返しされない「今」を。

恐れるべきは自己不信

年を取るのは、悲しいことだと考える人がいます。新聞が読みづらくなったり、耳が遠くなったり、若い頃のように駅の階段を駆け上がったりできなくなる。そうした身体的な変化が起こり、できていたことができなくなってしまうということで、不安材料が増えると思っているからでしょう。

確かに年齢を重ねると、身体的な変化は当然起こるし、病気のリスクも高まります。そうした不安から逃れられる人は、まずいません。ですが、年を重ねるほどに自信にあふれていく人がいます。

なぜそうなれるのか。理由は実に簡単です。自信が倍増する生き方をしてきたからです。それはどんな生き方かというと、**自分に嘘をつかない生き方**です。

その反対が、自信が半減する生き方。自分に嘘をついている生き方です。

心から敬服していない人物に、とりあえずのおべんちゃらで対応する。その舌の根も乾かないうちに、別の人にその人物の悪口をいったりする。あるいは、「毎日本を30ページ読む」という目標を立てたとして、5ページしか読んでいないにもかかわらず、

「さぼったわけじゃないし」と手帳に○印をつけたりする。

こういうことを当たり前のようにやっていると、そのうち自分で自分を信用できなくなります。だって、その嘘をいちばん聞いているのは誰なの？ 自分でしょう。もちろん、一回、二回の嘘はいいですよ。でも30年40年と嘘をついていたらどうですか。もう一人の自分が「おまえ、嘘つきだな」「おまえほどの嘘つきはおらんな」と言ってきますよ。信用ならない奴だな……とね。そしたらもう自己不信ですよ。だから、嘘はついちゃいけないんです。

そうやって何十年も自分に嘘をついていると、年を取るのが怖くなります。自分の心がやせ細っていくのがわかるからです。その恐れは、老眼が進むことや病気のリスクが高まることなど比べものにならないほどです。

慎独の実践

年齢を重ねるということは、自信を重ねること。そうあってほしいものです。

そこで心に留めておくといいのが、**「慎独《しんどく》」。誰にも見られていなくても、自分が決めたことをきちんと行い、「独りを慎む」**姿勢のことです。四書五経の一つである『大学』という書物に、「君子は必ず其《そ》の独《ひとり》を慎《つつし》むなり」と出てきます。

独りのときに完璧であれば、人のなかにいればもっと完璧になれます。独りでいる時間は、自己鍛錬の機会。そう理解していると、生き様が磨かれていきます。

また、わからないことはわからないという。疑問を感じるならば率直に問う。知らないことがあれば教えを乞う。本心を偽らず、心をそのまま相手に伝えることも大切です。どんなときも自分に誠実に生きる自分であれば、「自分は大丈夫」と思える頻度や深度が、年を重ねるごとに確かなものになっていきます。

もう一人の自分が「あぁ偉いな。おまえ、真実しかないもんな」と言ってくれます。もう一人の自分が自分を信じてくれるから、自分を信じられるから、自信はどんどんついてくる。自己不信の方には決していきません。

こんな意識をもっているだけで、内側からにじみ出るものが違ってきます。「あの人に任せれば大丈夫に違いない」。そんなオーラが周囲を引きつけ、人としての魅力がぐんぐん出てきます。

「肯定感」を育てているか？

自分を大好きになるために欠かせない要素は、自分を大嫌いなこと。

「否定」の価値

あるデータによると、日本の若者のうち、自分自身に満足している者の割合は5割弱なんだそうです。これは諸外国と比べるとかなり低い数値で、とくに10代後半から20代前半にかけて、海外との間に大きな開きがあるようです。

確かに、いろいろな人の相談事を聞いていても、自分自身の性格に関することが多く、ことのほか頻繁に飛び出すのが「自分を好きになれない」というフレーズです。若い人たちだけでなく、いい年の大人にも相当数います。

そういう現状を指して、「自己肯定感が低い人が増え、この国はこの先どうなるのか」と悲観視する声がありますが、本当にそうでしょうか？

先の「コンプレックス」の項でもお話ししますが、自分の「ここがイヤ」「自信がない」というものがあるからこそ自己改善ができます。

ということはつまり、「自分が大好きになる」ために欠かせない大切な要素が、「自分が大嫌い」なことといえます。ですから、自分自身に満足している者の割合が5割という数値を、日本人は自己肯定感が低いと見るなら、その5割の人は高い自己肯定感がもてる人間に転じる可能性が大いにあるということです。

社会のど真ん中で考える

東洋思想では、老子に代表される道家の思想は、下り坂、つまり人生の逆境で手本になり、それに対し、儒家の始祖である孔子の言行録『論語』は、上り坂、つまり人生の順境の最適なテキストだとされています。中国古典の二大思想は、「上り坂の儒家、下り坂の道家」というわけです。

私が『老子』に出会い、一字一字読み進めていきながら「これは自分に合っている」と不思議なフィット感を得たのは、私が不遇のときだったからかもしれません。

そもそも私の人生は、超未熟児で生まれるというハンディのあるスタートでした。体力的に恵まれず、他の子どもたちと同じように長い時間歩いて小学校へ登校するのが難しく、ほとんど家で過ごしていました。そして、25歳からは身体的、社会的なハンディを背負いました。生きる条件が、そもそも逆境だったのです。

だからといって、私は、自分を嫌いだという感情を抱いてはいませんでした。ただ、そういう境遇にいる自分をずっと漠然と「イヤだなぁ」とは感じていました。

何がというわけではないが、自分が好きになれない……とモヤモヤが心に滞留しているのなら、何がイヤなのかをしっかり分析してみることをおすすめします。

先にもお話ししたように、30代の頃、大口クライアントに契約更新を断られ途方に暮れた私は、喫茶店で自分の欠点をとことん書き出してみました。そのとき、最後の最後に出てきた「すべて他人のせいにする」は32番目。分析してみたら、32項目も自分の欠点が出てきたのです。

こういう具合に自分を分析するときは、家で一人で考えるよりも喫茶店をおすすめします。スターバックスやドトールなど、駅やオフィスビルの近くで便利に利用され、人の出入りが多い空間なら、なおいいでしょう。

そういう場所にいると、社会というものを見失うことなく考えることができます。じっくり考えるときは、自宅の机よりも、社会のど真ん中に限るのです。

貼り紙修行

「自分の欠点は○○だ」と分析できたら、易しいところからプランニングして、すこしずつ行動を変えていきます。ただ、それを直せばいいとわかっていても、そう簡単には直せない。直せない自分が、ますます情けなくなったりします。

そこで、私が編み出したのが貼り紙です。

たとえば、「私は誰よりも気が強い」と紙に500枚書いて、家中に貼っておくのです。トイレ、風呂場、玄関から居間、寝床からちょうど目に入る天井まで。そして、貼り紙を見たら大声で読み上げることを日課にしていました。

バカらしいと思いますか？　でも、本気で自分を変えたいのなら、愚直に取り組むことが何より効果的なのです。もしもあなたが、来客に「変な人だ」と笑われても実践し続けられたとしたら、その本気の行動が「一念」となります。

「一念」があるか？

苦しいときは「道《みち》」にすがればいい。
「助けて！」と言っていい。
「道」はいつでも助けてくれるから。

今「助け」がほしい人へ

本当に苦しんでいる人ほど声を上げられない。悲しいことですが、今の日本を映している一つの傾向です。声の大きな人が得しがちな社会システム、人とのつながりの希薄さ、そもそも我慢強いという国民気質など、理由はいくつもあるでしょう。

でも、今が本当に苦しくてたまらないのなら、「助けて！」というそのひと言をいっていいのです。追い詰められているならなおさらです。

私など、若い頃は「助けて！」と何度いったか知れません。たとえば、急に大金が入り用になる。だけど、そのような大金を用意することはできません。そこで母に電話して、「オレ、オレ。弱ったことになっちゃったんだよ。助けてよ」。すると母は「どうしたの？　大丈夫かい？」と心配してくれます。

おやおや、どこかで聞いた話では？　まるで振込め詐欺のような状況ですが、ただし、頼む相手は実母ではなく、「道」という母です。

さて、その「道」とは何か。私は「道」とともに生きていますから、体現者としてぜひともお伝えしたいと思います。

ズバリどういうことかというと、「道」は頼めば何でも叶えてくれます。困ったときにいつでも助けてくれます。本当に頼りになるのです。今まさに人生の途中で立ち往生している人には、ぜひとも試していただきたい。「道」を知っていると知らないとでは、人生が100倍以上違ってきます。

ただ、「道」は目に見えません。耳をそばだてても聞こえません。手でとらえることもできません。おぼろげでかすかです。「道」と呼ばれていますがそれは仮の名で、本当は無名。姿がないので名としてあらわせないのです。そして、からっぽです。からっぽゆえに、何でも包含でき、いくらでも生み出せます。それはつまり、万物の根源であるということです。このように「道」を説いたのが老子です。

「拝啓、道様」

「道の道とす可《べ》きは常道《じょうどう》に非《あら》ず」という一文から、『老子』という書物ははじまります。この冒頭文は多様に解釈できるのですが、簡単にいえば、「頭で考えてわかった気でいるな。何事も触れて、感じて身体で受ける、体得することだ」となります。

老子は「道」を、万物の根源であり、宇宙の根源、エネルギーの根源で、この世は

「道」がつくったといっています。ということは、この世で起こるあらゆることに精通しているのは「道」といえます。

その「道」が何であるのか、人生を通して知りなさい、体験しなさいと老子は説いているのでしょう。探り当てなさい、わがものにしなさい、そうすれば「道」と一体となって、安心して生きていけますよ。そういうことなのです。

私は「道」を「故郷の肝っ玉母さん」のように感じています。だから、どんなことでも赤裸々に頼めるのです。

本当に今が苦しいというとき、「助けて！」といいたいけれど、肉親だからこそいえないということが現実にはあります。心配をかけたくないし、見栄やプライドもあるでしょう。でも、もうどうにもならないくらい追い詰められているのなら、せめて「道」にくらいは「助けて！」と率直に頼んでみたらどうですか。

実践のポイントは二つです。数多く問う、そして、真剣に問う。

田舎の母親にたまに電話をかけて、「大金を貸して」というのと、毎晩寝る前に「今日はこんなことがあってね……」とおしゃべりする習慣があるのとでは、親はどちらが安心するでしょう。頻繁に声を聞けるほうがうれしいですね。うれしいから愛しさが増し、いざというときに守ってくれます。報告も兼ねて「道」との対話を楽しむことは、とても重要です。

「拝啓、道様」という具合に手紙を書くのもいいですね。頼み事や相談事を言葉にしてみる。それで「道」には伝わるのです。

願望達成のメカニズム

私はあるときから、故郷の母に電話するような感覚で、何度も何度も「道」に頼みました。無理と明らかなことでも、なりふり構っていられないので、何度も何度も。するとヽ「こういう人に会えればなぁ」と思っていると、そこへふいにある人物が現れて、まさに願っていたような人との縁をつないでくれたりする。自分が忘れた頃に、そんな幸運がふいに訪れたりするのです。

若い頃は「苦労一点張り」のような暮らしでしたが、それでも私の人生にはそういうことが次々と起こりました。不思議に感じ、友人であるアメリカ人の心理学者に、「なぜ願望は達成されるの？　心理学や科学で説明できる？」と尋ねたことがあります。すると、「当然のことさ」といわんばかりに答えてくれました。

重要なのは「念じる」ことなんだそうです。何か願望があり真剣に念じていると、それが信号になり、脳の海馬へ到達します。海馬は、人類に共通した通信が行き交っているところで、たとえば私が強く念じると、その信号が通信に乗ってあるキーマンの海馬へ入り、「田口さんに会え」と情報を送ってくれます。そのキーマン本人が行動を起こしてくれる場合もあるし、その人を介して別の人と出会うこともあります。キーマンはつまり、「道」の代理人ということです。

こういうことは、誰にも思い当たるでしょう。ただ、それを単なる偶然で片づけてしまうか、「道」のおかげととらえるかなのです。

「念」という字をよく見てください。「今」の「心」と書きますね。自分の本心に忠実に、懸命に思うことが「念じる」ということです。「念ずれば通ず」といいますが、いくら念じていても漠然とでは効果が薄い。そのうちというのもダメです。**先延ばしにせず、今、懸命に、「一念」です。**

最後にもう一度いいます。苦しいときは「助けて！」と乞うていいのです。渾身の一念で、今を乗り越えてください。

「プロフェッショナル」と自負できるか？

人が見えない「暗い」ところが見えている。
それを「玄人《くろうと》」という。

素人⇕玄人

桜守という仕事を知っていますか。桜の樹がいつまでも元気で咲けるように、1本1本がその季節のいつどのように咲いたか、健康状態を見守る人のことです。蕾の赤味の具合はどうだったか、枝は伸びたか、花は香ったか、最後はちゃんと散ったか。五感を研ぎ澄まし、「見る」のだそうです。

桜守は、土を掘り起こさなくても、根の様子がわかるといいます。いよいよおかしいとなったら、樹医の出番。桜守の目があるから、悪いところをいち早く治療してもらえるのです。

こういう人を「玄人」といいます。玄人というのは、素人の対義語です。素人の「素」は、紡ぎたての糸が白いことから、「しろいと」→「しろうと」と呼ばれるようになりました。

糸というのは、昔、非常に高価なものでした。そこで、強化するために藍に染めたことから、「くろいと」→「くろうと」となりました。そして、「くろい」が「くらい」になり、玄人は「暗いところが見える人」という意味になったのです。

「暗いところ」とは、人間の目に見えないもののことです。たとえば、心のなか。人の心のなかは目に見えるわけではありません。一寸先は闇というように、明日のことは誰にも見えません。遠く離れたところも見えないですね。視力が6・0ある人も少なくないというアフリカのマサイの人でも、限界があります。ものすごく小さなものや、ものすごく大きなものも同じです。

こうした**肉眼では本来見えないものが見えたり、聞こえないはずの音が聞こえたり、存在しないものに触れられる。そういう人を、仕事のプロフェッショナル**といいます。

次の一球を見る

たとえば、さまざまな商品を世に送り出すとき、企業側ではエンドユーザーを想定して多角的にマーケティングを行います。そこで得た数値やデータをもとに、きっとこんな人が喜んでくれる、多分こういう層が買ってくれる、と思案を重ねて商品化していきます。

ですが、そのような過程を経ずとも、まるですべてが目に見えているかのように世の中のニーズをキャッチする天才ヒットメーカーたちが、あらゆる分野に存在します。

その人たちは、人の心だけでなく時代や流行が見えているのです。

仕事で成果を出したい、評価を得たい、もっと昇りつめたいと願うなら、卓越した力を身につけなければいけません。「強化された糸」のように、「これはあの人にしかできないことだ」と周囲から思われるようになるのが、本当のプロなのです。

そのためには、人が見えないものを見てやろうと思って仕事をしなきゃいけない。その力を絶対に磨くんだと心に決めるんです。

イチロー選手は、「次の一球が見えるように努《つと》めている」といいます。そんなもの、普通は見えませんよ。でも、見ようと思わなければ、そんな発想も生まれない。オンリーワンの存在にはなれないわけです。

今、我々人間が従事している仕事のほとんどが、ＡＩに取って代わられるのではないかと、我が子の将来が不安でならない親御さんが多いと聞きます。でも、違いますよ。気にかけるべきはそこではないのです。

ＡＩが桜守の役目を果たし切れるでしょうか。お子さんの未来を思うなら、親御さんこそが、「見えないものを見る」働き方を我が子に見せるのが一番いいのです。

「天命」を知っているか？

自分が「果たすべき役割」を全うするために、
私たちは天性を与えられて
生まれてくるのです。

人生で磨きたいもの

「起業したいのですが、自分に向いているかどうかわかりません」。そんな質問を受けたとき、「あなたが起業したい理由は何ですか？」と問います。

それに対する答えが「どうしてもやりたいことがあるんです！」「今、手掛けているビジネスがおもしろくて、もっと拡大したいのです」という前向きなものなら、「安心してやりなさい」と背中を押します。

しかし、「今の会社がイヤになったので」「起業して儲かっている人が周りに多いから」といった後ろ向きな理由の場合は、再考を促します。

起業は、「おもしろいことをやろう！」という意欲が第一義にあるからこそうまくいきます。よく、「起業に向く人と向かない人はどこが違うのでしょう？」と聞かれることがありますが、向くか向かないかではありません。広い意味で仕事とは、自分がおもしろいと思えるかどうかが何より重要なのです。

自分がおもしろいと感じない会社をつくってしまったら、本当に後が苦しいですよ。

何を隠そう30代の私がそうでした。世の中のためになる仕事がしたいという漠然とした希望はあったものの、そもそも会社経営が当時の自分には合っていなかったんです。

中国古典には、「天の命ずる之《こ》れを性《せい》と謂《い》う」という言葉があります。天が命じたことが「天命」。**あなたがこの世に生まれ落ちて、成し遂げなくてはならないこと。****それが「天命」**です。その**天命を果たすために授けられた特性を「天性」**といいます。

天命によって、人間は生まれてくるときに「性」を授かるわけですが、その「性」には、人間性の性、理性の性、そして天性の性があります。仕事というものを考えるときは、この天性が大きく関わってきます。

自分に授けられた天性を磨くために努力し、エネルギーを傾けているとき、人はイキイキします。夢中で、楽しくて仕方なくなります。ですから、自分がおもしろいことをやっていれば、自然に能力が磨かれ、行ったことが周囲のためになり、幸福の循環をつくっていけるのです。

この天性に気づかずに、それに反することをしていると、心配事が増え、毎日がつまらなくなり、人生そのものが苦しくなります。そうならないために、自分の天性を踏まえた職業に就くというのは、非常に大切なのです。

私の場合、人生の好転を願って会社経営をはじめたわけですが、自分の天性に合っていなかったのですね。不運にも、このことを随分後になって悟るのです。

才能の見つけ方

起業の向き不向きに限らず、「どんな仕事が向いているのかわからない」「自分の才能や強みを知りたい」という人は、自分は天命によってどんな天性を授けられたのかを、一度徹底的に探ってみる。そうすれば、少なくとも方向性くらいはわかります。

その方法としておすすめなのが、自分が子どもだった時分を知っている人に、「どんな子だった？」「どういうものが好きだった？」と聞いてみることです。小さい頃の自分はどういう人間だったか、両親、きょうだい、祖父母や親戚、幼なじみ、幼稚園や小学校の先生、習い事の先生などの言葉に耳を傾けてみることは自分というものを知るベースを作るのに最適です。

それと、自分の思い出。自分が何をやっているときがいちばん得意気で、能力を発揮したか。それは自分の強みや才能を表しているわけです。

若いうちだけではありません。年齢を重ねても、これは非常に有効な方法です。実は、私もこの方法で自分の天性に気づくことができたのです。

30代で起業した会社は長い間うまくいきませんでしたが、40代では多忙を極めました。CI（コーポレート・アイデンティティ）にいち早く目をつけたのがきっかけで、業績が一変。時代にマッチしたのでしょう。30代で仕事が得られなかった苦労が嘘のようでした。

高級なオフィスを構え、優秀な人材を確保するためにリクルーティングに奔走しました。1日に3つの結婚式に出席してフルコースを3回いただいたり、国内外の出張も頻繁。しかし、大きなお金が動いている分、資金繰りの苦労が絶えず、1週間後に10億円用意しなければいけないということもよくありました。

生活の苦労から抜け出せたにもかかわらず、私は不機嫌でした。30代はうまくいかない不機嫌。40代はうまくいき過ぎた不機嫌。どうしてこうなるのだろうと考え抜いた結果、「そもそも私は会社経営を本当にやりたかったのか？」という疑問にたどり着きました。本当に得意だろうか？　無理していないだろうか？

そこで、母親に幼少期のことを尋ねてみました。

「あなたは体が弱かったからほとんど家にいて、朝から晩まで地図を見たり、描いたりしていたわね」

そういえば、詳細な地図をつくるのが大好きでした。白地図をつくり、そこに地図記号や等高線などを緻密に書き込んでいくのです。

また、母は自宅の居間で易経をやっていました。毎日いろんな人が相談にやってくるのですが、同じ居間のちゃぶ台で私は読書や宿題や地図描きをしていたのです。近所のおばちゃんが、「亭主が浮気したのよぉ〜」などと泣き伏している。目は地図、耳は人間ドラマにくぎ付けで、この経験が好奇心や人間観察力の基盤になっているのは間違いないのです。

母からヒントをもらい、自分は実業よりも、コツコツ学び、人に教え伝えるということのほうが合っているのではないかと考えるようになりました。それならば、夢中になっている中国古典しかありません。そう確信できたのは50歳目前の頃でした。天命とか使命というものは、俗っぽく言えば「立派な人間になろう」というのが一番なんです。そこを忘れちゃいけません。

『論語』に、「五十にして天命を知る」とあります。私はこの言葉通りの年齢でしたが、もっと早く知っておいて損はないのです。自分の才能や強みを探すことをあきらめず、天性に気づいたらそれを磨くことを続けていってください。

「**孤独**」と正面から向き合えるか？

群れてなきゃ心細いっていうのは一番ダメ。
結局、最後は独りに強い人が勝つのだから。

絶対的孤独がくれたもの

私には、この世を去るときの最高のイメージがありました。綺麗な布団に私が横たわっている。その周囲を一族郎党、親類縁者がぐるっと囲み、私を見守ってくれている。厳かな時間が流れ、医者が来て、脈を診る。首を振り、「○時○分、ご臨終です」と告げると、皆がわっと泣き崩れる。豊臣秀吉のような臨終の場面。そういう最期が理想だと、ずっと考えていました。

ところが、バンコクで生死の境をさまよったときの私は独りっきりでした。

夜中に目覚めると、吊り下げられたたくさんの点滴の瓶が目に入ります。どうも一つだけ、随分前から空になっている。そこは人手の少ない病院で、やっと看護学校の生徒さんみたいな子に「これ、空じゃない？」と尋ねてみると、ちょっと慌てた様子で新しい点滴を取りに走ります。

それで、私の体に点滴の針を刺そうとするのですが、他の点滴の管同士がからまって、どこに何が刺さっているのかよくわからない状態なのです。

自分が物質になった気がしました。「まあ、死ぬときは死にますよ」というような対応をされているような感じなのです。私はもう、綺麗な布団の上で、一族郎党、親類縁者に囲まれて息を引き取るということはないんだな、なんてわびしい最期なんだ。絶対的孤独を感じました。

あの経験があるから、私は独りに強いんです。それは物理的に独りでも大丈夫という意味だけでなく、四面楚歌に強いということです。

30代、40代、誰一人として味方がいなくなったときも、異国で孤独に死んだかもしれないことを思えば、「人は皆独りで生きているのだから」と前を向けたのです。私が今日まで命を永らえて生きているのは、孤独に強かったからだとも思えるのです。

自分を追いつめてみる

孔子は『論語』で「君子《くんし》は周《しゅう》して比《ひ》せず。小人《しょうじん》は比して周せず」といっています。立派な人物は特定の人間と馴れ合わない。小人物ほど、自分に従順な人間だけをそばに置こうとする、という意味です。

社長は孤独です。社員も取引先も敵ではないけれど、リーダーにはどこか「一人で生きている」という孤独感があるんです。だから、独りでいることに強くなれる。これは、リーダーとしての条件でも、人間の器を広げていくための条件でもあります。

最近は、あえて単独行動を楽しむ人が増えているといいますが、人づきあいが苦手で社交的になれないという理由からだとしても、私はそういう人を応援したい。いつも人と群れていなければ不安だとか、独りだと思われるのがイヤだという人よりもよっぽど見込みがあります。

独りで行動できるということは、独りで考えて、決断できるということです。

私がこれまで知り合った人間のなかで、一瞬で似たものを感じた人が二人います。一人は独房に入っていた人物で、もう一人は戦地で一人きりになって帰国した人物です。漂う凄みが違うのです。絶対的孤独を体験した人かどうかは分かる。

独房も戦地もおすすめできるものではありませんが、独りになれる時間や空間で自分を鍛えてみると人間、変わります。うんと孤独を経験すればいいんです。

人は、集団にいるからこそ相乗効果で力を発揮していける面が確かにあります。しかしそれは裏を返せば、馴れ合いの関係や利害の癒着を生みます。

いつも群れていないとダメというのはダメで、むしろそういう生き方を一度客観的に見直してみて、一匹狼の可能性を広げてみてほしいと思います。

「**嫉妬**」に苦しんでいないか？

人の幸せをねたんでいると、幸せそのものにねたみが生じ、求めれば求めるほど遠ざかるというのが道理なのです。

自分自身を否定してしまう前に

嫉妬心というのは、誰にも起こりうるものです。人間には人と競う心がもともとあるので、これは仕方のないことです。

たとえば、いつも自分がフォローをしてあげているような同期の人間が、自分よりも先に課長に昇進したとします。「うそだろっ！」という衝撃がまず起こり、次に嫉妬心にメラメラと火がつきます。

「なんであんな仕事のできないヤツが、自分みたいに優秀な人間よりも先に課長になるんだ！」。心のなかを赤裸々にあらわせば、こんな感じでしょう。

こうした感情は、心に長居させると危険です。私にいわせれば、嫉妬とは、その人の人生の致命傷になりかねない心の作用なのです。

「なんであいつが課長になれて、自分はなれないんだ！」。嫉妬にかられて、この感情が心のなかに完全に居座ってしまうと、そのうち「あいつ」の存在が飛んでしまい、「なんで自分は課長になれないんだ！」という妬《ねた》みの感情だけがどんどん増幅されていきます。

するとどうなるかというと、「課長になること」に嫉妬心を燃やすようになるので、否定の感情が強くなっていきます。先にお話しした「道」に、否定の「一念」を必死で送っていることになるのです。

だから、嫉妬している限り、この人は課長になれません。昇進を否定し、幸福を否定しているのですから、それでは自分のもとへはやって来ないわけです。

「なんであの人が、あんな素敵な人と結婚するわけ？」「どうしてあいつの商売は何もかもうまくいくんだ！」といった、恋愛、商売、人間関係すべてのことに関しても同じです。

嫉妬心を心に居座らせていると、間違いなく、ダメになっていきます。

心を取り戻す

東洋思想の視点でいえば、『論語』の「人の己を知らざることを患《うれ》えず、己の能なきを患う」という言葉がヒントになります。人が、自分を評価してくれないことを嘆くのではなくて、自分が点数を取れていないことを気にしなさい。つまり、周囲がイヤでも出世せざるを得ない自分になれるよう、実力を磨くことに意識を向けることが大事だといっています。

自分の行いに集中できるよう自分で自分の心を取り戻していく工夫が、大丈夫という生き方を継続させるには欠かせないのです。

昇進で先を越された例でいえば、辞令を聞いたその瞬間でなくてもいいので、屋上へ行って空に向かって大きな声で「○○君、おめでとう！　課長になってよかったね！」と50回くらい叫んでください。

本当は、相手に直接伝えるのがベストなのですが、嫉妬にかられているのですからそれは無理というもの。わなわなした口で「おめでとう……」と告げるのはあまりにも嘘っぽい。だから、空に向かって50回なのです。

これがやれたら、「課長になること」を肯定できます。一度は嫉妬が心を支配したかもしれませんが、取り戻せます。それで、悪い方向へは進みません。

「**悪口**」の裏側にあるものとは？

意地でも人とは比べない。
そう決めるだけで
丸い石のように軽快に
ものごとが進みはじめます。

無意識のねたみ、そねみ

我が社、イメージプランが社則の一つとして掲げているのが、「悪口をいわない」です。上司の悪口をいわない、部下の悪口をいわない、同僚の悪口をいわない。とくに部外者の前では絶対にいわない。もしもいうのならば、本人に正々堂々といおう。こうした文言が、皆の目につく場所に貼ってあります。

森羅万象は陰陽で成り立っていますから、人のなかにはよい心と悪い心があります。悪い心とはどういうものかというと、相手をとっちめてやろうという気持ちや腹いせのような気持ち。相手をおとしめたり、意地悪することが、自分の快感につながるのです。そんな悪い心を、手軽に満たしてしまうのが悪口です。

どうして人は、悪口をいいたくなるのでしょう。これはもう、比較競争社会の産物です。我々は、生まれ落ちた瞬間から競い合うことを宿命づけられています。○○ちゃんより早く歩き出した、□□君より早くしゃべった。そんな生物的な成長段階のことからはじまって、義務教育が始まればクラスや学校という小さな社会のなかで成績が順位づけられます。

こうした競争社会がベースにあるため、我々は無意識のうちに自分と人を比べます。自分が優れていれば心に余裕があるので、人をどうこういおうなどとは思いません。ですが、自分が相手ほどよりも劣っていると感じた場合、不安が生じます。それと同時に、素直に認めたくない気持ちも生まれ、ねたみやそねみが悪口という形になって表れてしまうのです。

止まる石より転がる石

要するに、放っておけば、人は悪口をいいたくなる生き物なのです。でも、「大丈夫」という生き方を望むなら、悪口をいかにして自分の外へ出させないかを考えなければいけません。

悪口というのは、悪い心のあらわれですから、安心感や安堵感からはほど遠いものです。石にたとえると、ゴツゴツして、不格好な形をしています。こういう石は、川のなかで周囲と摩擦を起こし、どこかのくぼみにはまってもがくことになります。川の流れに素直に乗って旅することができないのです。

一方、悪口のない心は、丸い石のようなものです。つるつる、すべすべしていて、触れたものにストレスを与えません。川の流れに従って転がり、たとえくぼみにはまってしまっても、水の勢いに乗って浮かび上がります。

孫子は、「木石《ぼくせき》の性、安《あん》なれば則《すなわ》ち静《しずか》に、危《き》なれば則ち動き、方《ほう》なれば則ち止まり、円なれば則ち行く」といっています。人は、安定していれば静止し、危険になれば動き、四角ければ停止しがち。しかし、丸ければ動く。つまり、「善く人を戦わしむるの勢《いきおい》、円石を千仞《せんじん》の山に転ずるが如きは、勢なり」で、人生をうまく進めたいなら丸い石を谷底へ転がすような勢いが重要で、周囲の人間の能力をうんぬんいってひがんでいるようではダメなのです。

悪い心を出したい放題外へ出していると、ゴツゴツした石のような勢いのない人生になってしまいます。そうならないために、悪口はいわないと決めてみるのです。

悪口を封じたら、人と話すときの話題が見当たらなくなった。そんな残念な人生にならないよう、気づきにくいことだからこそ、自覚することが大切なのです。

「魂」を磨いているか？

身体の痛み、つらさなんて、
肉体という上着が
うまく着られていないだけの話。

「ガワ」は気にしない

今、身体的な苦痛や不調にさいなまれている人がいるかもしれません。何か一つでも体に関する心配事があると、力が削がれるような気がしてしまうものです。

しかし、体というのはしょせん上着です。自分そのものではなく、外側の話。今の言葉でいえば「ガワ」です。

私も20代の事故の後遺症がうずくことがあるのですが、それは不運な事故によって肉体という上着がちょっと破れてしまっただけのこと。格別に痛みを覚える日でも、たまたま上着がうまく着られていないだけと割り切り、あれこれ心配しないようにしています。

そんなふうにとらえられるようになった50代以降、自分の体の処し方が身についてきました。姿勢の取り方や保ち方など、うまくつきあっていく方法といいますか、体の落としどころがわかってきたのです。

75歳の今も、変わらず腰痛はあるものの、来客者との面談中に痛みが気になるようなら「俺も堕落したな」と反省します。人と話をしているのに、自分の上着のことが気になっているわけです。これは、相手に失礼。要するに、その時間を真剣に生きていないから痛みを感じるのだと思うのです。

そういう意味では、腰痛は自分が真剣に生きているかどうかのよきバロメーター。事実、おもしろい映画に夢中になっているときは、痛みなどまったくないのですから。

美に触れて魂を喜ばせる

身体に問題や不安があるとき、上着の話ばかりしがちです。でも本当はそれよりも、心の話をしたほうがいい。心、つまり本当の自分自身がいる場所である「魂」に目を向けるのです。

魂は目に見えませんが、魂を磨くことはできます。どうやればいいかというと、とても簡単で、魂が喜ぶことをやればいいのです。では、魂が喜ぶのはどんなときかというと、美しいものに出会ったときです。

音楽、絵画、美術品、自然の風景、自分が好きなもので結構です。一番のおすすめは、**美しい心に出会うこと**。美しい心の持ち主には、毎回おごってでも一緒にいる時間を多くもつといいですね。魂が喜んで、どんどん磨かれていきます。

でも、最強に効くのは古典を読むことです。本当のことをいうと、魂を最も喜ばせ、磨くには古典しかないのです。東洋でも西洋でも日本のでもいいから、何か好きな古典を一つ持つことをオススメします。

これまで東洋思想に関するありとあらゆる古典を読んできましたが、国会図書館まで足を運んでも、出会えなかったものがたくさんあります。出典の資料名は現代まで残っているのですが、実物がすでに保管されていないのです。ということは、たいして重要ではないからなのでしょう。

逆に考えれば、老子や孔子に代表される古典は、さまざまな時代の人の精神や意識に働きかける力が凝縮されているから何千年も残っているのです。だから、触れれば触れるほど、魂が喜び、磨かれていきます。今どきの本を何千冊読むよりも、一つでいいから古典を友とする。自分の本当の心を作る、というか精神の基盤を作るのに役立ちますから。

言葉の力ってすごいですよ。いざというとき、自分の気に入った言葉で救われる、とか、非常に危機的な状況を回避できる、ということがあります。自分が鼓舞される、とか底力が湧いてくる、とかね。そういう聞きに際して使える本というのは、やっぱり古典でしかないんです。

西洋医学では解決が難しい問題を抱えている人は、たくさんいます。

原因を突き止めようとして、人の意識はどうしても外側へ向きますが、できるだけ内側へ目を向けてください。病は「上着」が患っていることで、「魂」は元気だと考えてみてください。

そうすると、病に負けない強い心で、今を楽しむ余裕がもてます。どんな境遇でも、「大丈夫」という生き方を手に入れる工夫はできるのです。

4章

迷わない

——どんな境遇でも、必ず道は見つかるから

「徳」を振るっているか？

相手が喜ぶことを率先してやると、
人生に徳《いきおい》がついてくる。

引き寄せの術

成功した人は、しばしばこんなことを口にします。「困っていたとき、ひょんなことから○○さんに出会えた」「たまたまよい知らせが舞い込んで来た」「偶然、助けてもらった」。でもそれは、ひょんなことでも、たまたまでも、偶然でもなく、その人が引き寄せた幸運です。

一方、これとは反対に、どうしても助けがほしいときに援助が得られず、ここぞというときに運に見放されてしまう人がいます。

こうした運の良し悪しが、なぜ起こるか知っていますか。実はこれは運の問題ではないのです。もともと引きが強いとか弱いといったことでもありません。「徳」を振るっているかどうかの違いによって、当たり前のように生じることなのです。

徳とは何でしょう。広辞苑には「道をさとった立派な行為」とあります。なるほど、意味はよく理解できますが、すこし高尚な印象で、何をすれば徳になるのかわかりません。では、**「自己の最善を他者に尽くすこと」**といい換えたらどうですか。実践できそうな気がするでしょう。

「自己の最善」というのは、何も自分を犠牲にするという意味ではありません。相手が喜ぶことを想像し、自分にできる最高のことを考え抜くということ。そして、相手の気持ちに寄り添って、尽くし切ることを指します。

自分の人生を好転させるきっかけをくれた人を、人はいつまでも忘れないものです。でも意外や意外、世話をしたほうは「そんなことあったっけ？」とケロッと忘れていたりします。きっとその相手は、あなたに恩を着せようとか、ここはひとついいところを見せておこうなどと打算で行動したわけではないのでしょう。

あなたが喜びそうなことを想像して、自分にできることを率直に行ってくれた。ただそれだけのことなのでしょう。でも、あなたには「恩人」として刻まれています。ですから、「いつかあの人の力になりたい」「困っていたらいつでも駆けつける」と当たり前のように、自己の最善を尽くそうとします。

たくさんの人からそんなふうに思われる人の人生が、大丈夫でないわけがないですね。「徳」を振るうことは、何にも勝る「引き寄せ術」といえます。

ブーメランで返ってくる

さらに、徳にはすごい威力があります。たとえば、あなたが、行き詰まってもがいているAさんに援助の手を差し伸べたとします。そのおかげでAさんはピンチから脱しました。よかったよかった！　と、そこで話が終わるわけではないのです。

今度はあなたが人生のピンチを迎えてしまいました。そのとき、Aさんとはぜんぜん関係ないBさんから、願ってもないような助けが得られることがあります。

徳を振るうということは、目の前の相手のために行っているようでいて、実はそうではないということです。自分が相手に対して最善を尽くせば、その人に勢いを与えます。その勢いが回り回って、いつか困ったときに自分を後押ししてくれます。

ですから、「徳」は「いきおい」とも読んだといいます。

人生に勢いをつけるその一歩として行うといいのは、丁寧に人に向き合うことです。相手の話をよく聞く。できるだけよい言葉を使う。役立つ情報を惜しみなく与える。感謝を態度で示す。

また、自分自身も丁寧に暮らすこともプラスしてください。お茶を煎れる、食事をつくる、掃除をするといったことから、仕事のこまごまとした作業まで。

そう考えると、日常の行動すべてが徳を積むチャンスに思えてくるでしょう。

身の回りにゴロゴロ転がっているチャンスを生かしていきましょう。そうしたら、あなたが人生に行き詰まったとき、「徳」がブーメランのように、「あれ?」という方向から勢いよく返ってきます。


この「徳」については、親が子どもに教えたい大事なことの一つとも言えます。

社会は自己と他者からできています。自己は一人。その他みんな他者なわけですから、自己中心になったとたん、孤立する。だから、人間が嫌いな人間は一様に自分勝手で自己中心的です。他者のために生きられるかどうかという精神が、人生最大のポイントになると言ってもいいのかもしれません。それを表しているのが「徳」という言葉。江戸時代の教育でも、すごく重要な概念だったのです。

自己の最善を他者に尽くしきる。そうするとみんなが感謝してくれます。その瞬間に感謝の人間関係ができる。こういうことを親はぜひ、子どもに教えてもらいたいと思います。

「幸せ」はどこにあるか?

外側に照準を合わせず、自分自身の尺度で「満足し」「止まる」。

利きのいいブレーキをもつ

今、私のもとへ世界中から来訪者があります。若きベンチャー起業家、中小企業の経営者、研究者、医者、リタイア組など、立場も年齢もさまざまです。そうした人たちに、講義の冒頭でこんなことを尋ねてみます。

「人間の幸せとは何だと思う？」

すると、多くの場合、「社会的地位を得ること」「大富豪になること」といった答えが返ってきます。とくにアメリカは、もともと移民の国だからでしょう。より多くの人が「食えるようになる」「人並み以上に稼げる」「よい暮らしを実現する」ことを理想としてきました。金銭的に、物質的に満たされることが成功であり、人々の幸福だとする金銭・物質重点主義が根づいているのです。

しかし、地位もお金も自分の外側にあるものです。手に入れようとしたら、永遠に追っかけるしかありません。それは、アクセルしかない車に乗って生きるようなものです。安心して乗っていられますか？　「こういう車からそろそろ降りたほうが賢いのでは？」と考えはじめた人が世界中に現れ、生き方のヒントを探しているのです。

気づいたら断崖絶壁から真っ逆さま！　電柱に激突！　そんなことになる前に必要なものは何か。東洋思想的にいうと、それはブレーキです。東洋思想では欲望を否定してはいません。人間がもともと持っているもの、自然に湧き上がってくるものとしてむしろ肯定しています。しかし、アクセルだけではまずい。だから、利きのいいブレーキを同時に持とうよと説いています。

「足るを知る」

思想の大家がそれぞれの言葉で後世にヒントを残してくれていますが、広く知れ渡っているのは、老子の「足るを知る」でしょう。

「足るを知れば辱《はずか》しめられず、止《とど》まるを知れば殆《あやう》からず。以て長久なるべし」

「足るを知る（知足《ちそく》）」というのは、身のほどをわきまえ、ほどほどのところで満足するという意味にとどまりません。「止まるを知る（知止《ちし》）」も同様に、身のほどに合ったところで止まりなさいという意味ではありません。

大事なのは、「感謝」の心です。ありがたいと思うことを大切に生きろということです。世間の尺度に迷わされず、自分自身の尺度で「満足し」「止まる」ことを行っていれば、屈辱を受けてつらい思いをしながら生きることも、リスクだらけで冷や冷やしながら生きることもなく、いつまでも末永く大丈夫でいられます。

つまり、自分がどう生きていくかという「行動の規準」は、外からの借り物ではダメで、日々の行いのなかで培われ、自分でつくるのですよということです。

西洋で興った哲学などをはじめとする学問は、目に見える範囲を対象としてきました。西洋医学がその典型ですね。身体に対する注目度に比べて、心への関心はなおざりになっていました。西洋がさまざまな問題や現象の原因をアウトサイドに求めるのに対し、東洋ではインサイドにあるととらえます。つまり、「あなたの心の問題」だと。これは、あなたの心が弱いからよくないことが起こるのだという意味ではなく、「あなたの心しだいで変えられる」という意味です。

人の幸せとは、目に見えるものではなく、心で感じるものです。つまり、幸福とは充足感。そう伝えると、海外からの来訪者たちの目がまん丸になります。「そうか、それが人生を楽しくするコツなのか」と、得心して帰っていくのです。

自分の外側に照準を合わせて、自分を苦しくさせていませんか。内側に目を向けて、今一度、自分のなかにある「幸せ」を探してみてください。

「振り返り」を忘れていないか？

自分を「他人」として見る冷静さがあれば、悩みが悩みのまま押し寄せることはありません。

心の内を「書く」

山登りが趣味の友人から聞いた話です。山頂まで安全に到達するのに欠かせないものは何か。登山装備、水、補給食、地図、体力……もちろんこれらは必要です。しかし、最も大切なのは、休憩なんだそうです。メインの目的は体力温存でなく、意欲の持続。そのための効果的な休み方は何かというと、振り返ることです。

山に登りながら、目指す山頂ばかり見上げている人は少ないでしょう。熟練者ほど、振り返るんです。そうすると「こんなに登って来たんだ」と思える。それが「よし！」という意欲の持続につながります。

人生も同じです。「こんなにがんばってきたんだ」と確認できる振り返りを節々で入れていけば、下手に悩むことはありません。

ただ、「仕事が速くなった」「給料が上がった」「昇進した」といった目に見えることは確認できても、精神の成長というのは目に見えず、つかみどころがないですね。そこで、自分を正しく振り返るための手段を知っているかどうかが、人生に大きく左右します。私がおすすめしたいのは「書く」ことです。

人生がうまく回らなくて悩みに悩んでいた頃、私は自分の思いや考えをノートに書きまくっていました。中国古典の勉強でもとにかく書きました。たとえば、『老子』なら、返り点が書かれていない白文を写し、その白文から自分流に書き下し文をつくったり、現代語訳をしたりもしました。

古典というものは、読む人のレベルによって解釈が変わります。そのときは精一杯読んできたつもりでも、5度目、10度目で過去のノートを見ると、「浅い理解だな……」とがっかりします。それと同時に、成長した自分を感じることができました。だから、「書く」ということは人生の最重要事項といってもいいくらい大事なのです。

自己客観視ノート

私の40代、50代は、知人から相談事の依頼が毎日のようにある忙しさでした。全員と面会する時間が十分に取れないので、「あらかじめ原稿用紙1枚くらいにまとめて送ってちょうだい」とお願いすることにしました。当時は今のようにメールなどなく、オフィスや家庭にファクスが普及した頃だったのです。

すると、たとえば30人送ってよこしたとしたら、半数以上はもうそれで何もいってこないんです。なかには、「5分でもいいからお会いしたい」と非常に熱心に電話をよこしていたにもかかわらず、ファクスすら送ってこない人もいました。心配になってこちらから連絡してみると、「ああ、あれね。書いたら解決しちゃいましたよ〜」と、それまでとは打って変わって明るい声音なのです。

悩みは、頭のなかにあるうちは「主観」です。主観というのは、自分が自分の頭のなかで考えたことですから、第三者的な視点が入る余地はありません。でもそれを文字に書き起こしてみると「客観」になり、検討できるようになります。

悩みを誰かに相談したいとき、飲みに行って騒いで解消するのも結構なことですが、その瞬間は気分がスッキリしても、翌日また同じ悩みが襲ってきますよ。

自分を客観的に見るチャンスというものは、あるようでなかなかありません。だから、意識的につくっていかなくてはいけないのです。

「誰も見ないノートなんだから」と自分にいい聞かせ、心の奥まで覗《のぞ》いてください。下手な言葉でいいから、思うままに書きなさい。自分ってイヤだと思えるほど赤裸々に書けたらもっけの幸い。5、6年後に振り返ったとき、今の未熟な自分を笑い飛ばせる大丈夫な自分に変われているはずです。

「コンプレックス」を受容できるか？

優れた成功者はみな、
強烈な劣等感の持ち主。
はね返したからこそ、より輝ける。

「しめた！」と思えばいい

若い頃の友人に、新宿2丁目あたりのバーで人気が出そうな「逸材」をスカウトしては、いろんな店へ売り込んでいた人物がいました。当時はテレビにも出演する有名人で、今なら「オネエタレント」として売れっ子かもしれません。

その彼に、「スカウトのポイントは？」と尋ねたことがあります。私は、「女性っぽい子」だと思っていたのですが、答えは意外にも「男らしい子」でした。見るからに女性的な男性は、あるところまで行くとピタッと伸びが止まってしまうのだそうです。でも、「男らしい子」は、一生懸命にヒゲ面の処理をし、化粧や立ち居振る舞いの研究をしたり、とにかく熱心。常に自分を厳しい目でチェックしているので、どんどん隙がなくなって美しさに磨きがかかり、人気が急上昇するのです。

当時この話を聞いて、最初からなんとなく能力がある人よりも、コンプレックスをはね返した人のほうがすごくなれるんだな、と大変勉強になりました。

皆、コンプレックスはやっかいなものと嫌いますが、本当は素晴らしいもの。これまでたくさんの成功者に会ってきましたが、私が知っている限りの共通点は何かといったら、皆、強烈なコンプレックスの持ち主だということです。**コンプレックスがない人間は成功者になれない**といってもいいですね。

ですから、自分がどうしてもこだわってしまう欠点や人に知られたくないダメなところがあるなら、自分にも成功の要因が備わっているとむしろ喜んでいいわけです。コンプレックスには「しめた！」と思えばいいのです。

天丼で自分を変える

私は本当に決断できない男で、それが自分でもイヤでたまりませんでした。30代ではじめて自分の事務所を構えた頃、3軒ほど先の蕎麦屋に毎日昼ご飯を食べに行くのですが、「何にするかな……」と迷って、10分近く決められないのです。店の女の子もそれを承知していますから、「この人、どうせまた悩むんだろうな」とあきれ顔です。昼時は混雑するため11時40分に入店しているにもかかわらず、後から来た人に次々抜かれ、早く来た意味がないのです。

そんな優柔不断が、経営コンサルタントとしての仕事にもあらわれていました。投資する金額が大きくなるとビビッてしまい、悩みに悩んでいる間に結局チャンスを逃してしまう始末です。こんな自分を変えなくてはいけないと思っていたとき、ある言葉に出会いました。

「易しいことができない人間に、難しいことはできません」

元巨人軍の川上哲治氏が、テレビのインタビューでおっしゃった言葉です。

「そうか！」と、膝を打つ思いでした。だったら私はまず蕎麦屋で自己改善をしようと決心し、翌日すぐあることにトライしました。

まず、店のドアを開けると同時に「天ど〜ん！」と大きな声で注文します。席につき、壁に貼ってあるメニューを見る前に、そういってしまうのです。そして、堂々と店の真ん中の席に座るようにしました。

そうすると、おもしろいことが起こったんです。一番乗りの私が天丼を食べていると、後から入ってくる客が次々と「天丼」「俺も天丼」と同じものを頼むようになったのです。店の真ん中にいる私がパッと目に入って、影響されたのかもしれません。「なんだ、皆、決断力がないんじゃないか」と、なんだか愉快になりました。

ちょっと度胸がついたので、ほかの場所でも試してみることにしました。優柔不断で決められないというのは、つまり気が小さいということです。ドーンと構えていられないわけです。そこで、パーティ会場など晴れがましい場所へ行ったとき、目立たないところでひっそりしているのではなく、主賓席へズズズズーッと入っていって、何くわぬ顔をして座ってみました。

陣取ればこちらのもので、給仕人がものすごく丁寧に扱ってくれます。それを見て周囲の人も、丁重な態度で接してきます。ビクビクしているより得だ。この世は度胸ひとつなんだと身に沁みました。

人が気づいてくれたら成功

コンプレックスをはね返そうというときに忘れてはいけないのは、高望みをしないことです。自己啓発の本を読むのもいいし、これはと思う人物のセミナーに行くのもいい。でも、ただそれだけで劇的に自分を変えられるとは安易に思わないほうがいいでしょう。

一発逆転ホームランばかり狙っていると、空振りしたときのダメージがはかり知れません。まずはバットに球を当てることから、徐々に、徐々に、うまくいく感覚をつかんでいくほうが結局は近道なのです。

そうやって、自分が改善したいことを徹底的にやっていると、「あなた決断力がありますね」「度胸あるね〜」と、今まで自分がイヤでイヤでしょうがなかった点を、人が褒めてくれるようになるんです。

というよりも、人にいわれるくらいじゃなきゃダメなんです。人から言われてはじめて合格。自己改善大成功です。

たとえばサラリーマンで出世できないなんてコンプレックスも同じで、10年も働いたら会社に振り回されないことです。愛社精神と会社依存を間違っちゃいけない。「会社が好きで好きでたまらない」と言って、よく聞いてみると、会社頼みで生きている人が多すぎます。10年修行して、それなりになったなら（ここ重要です。ただ、のんべんだらりと働いている人は別です）、むしろ「会社を使ってやろう」って思うくらいにならないと。

会社は時間の管理はできるけど、あなたの頭の中の管理まではできないんだから。

何かを変えるというのは、難しいことです。とくに習慣を変えるのはことのほか困難です。でも「このままではじり貧だ」と思うなら、人に指摘されるようになるまで、自分の欠点や弱点と向き合ってみてはどうですか。

「理不尽」に泣き寝入りしていないか？

「おい！」の機先を制して馳せ参じ、「うっ」とのけ反らせて、素早く封じる。

位置について、ドーン！　バババッ！

以前、ある女性からパワハラ上司に関する相談を受けました。その上司は、いつも「おい！」と大声で呼びつけて、ささいなミスを人前であげつらい、これ見よがしに叱責するのだそうです。上司のことを考えるだけで、体調が狂い、食欲不振から体重は10kg減。不眠が続き、切羽詰まった様子で私のところに来ました。

そこで私は、彼女に「稽古」をつけました。まず、出社してその上司と目が合った瞬間、顔の前まで「バババッ！」と近寄って、「おはようございます！」と挨拶するのです。このとき、ハキハキとした声を出すのがポイントです。いきなり「バババッ！」と来られたら、人はたいてい「うっ」とのけ反ります。

私が上司役になって練習したのですが、「バババッ！」にまったく迫力がない。こちらはぜんぜん「うっ」とならないのです。

どうやらタイミングの問題だとわかり、「かけっこのとき、〝位置について、ヨーイ、ドン！〟でスタートするよね。それをいきなり、〝位置について、ドーン！〟で、〝ヨーイ〟を抜かして飛び出すんだよ」とアドバイスしたら、迫力が出てきました。

その日、100回くらい稽古し、「今夜、帰宅したら布団か何かを使って練習しなさい。これは肉弾戦だよ」と、彼女を送り出したのです。

「気」で飛ばす

翌日、彼女はすぐ実践しました。出社してその上司と目が合った瞬間、「位置について、ドーン！　バババッ！」と近寄って「おはようございます！」。「うっ」となった上司を確認したら、とたんに怖れが消えたそうです。「あんなに驚いた人の顔、見たことないです！」と、報告の際、明るく話してくれました。

仕事中に目が合ったときも、また同じように「位置について、ドーン！　バババッ！」で、「何かご用でしょうか！」。上司が「いや、何でもないよ。どうしたの？」と聞くので、「いえ、何かご用かと思いまして」とだけ返答して、涼しい顔で仕事に戻る。そして退社時間、最後にまた目が合った瞬間に「バババッ！」。すると、「……おつかれさんっていおうと思ったんだよ」とだけいって帰って行ったそうです。それから二度と、その上司はパワハラめいた態度を取らなくなりました。

こうした上司は、部下を鍛えようとしているわけではないので、一度相手が気の強さを見せると、反対にビビッてしまうのです。相手がビクビクする様子を見て、もっとビクビクさせてやろうと愉しんでいる。これは、いじめっ子の心理と同じです。

この例のような相手に対しては、「おい！」と呼ばれる前に手を打つのです。だから、「おい！」を察知することが肝要になってきます。

日本の武道では相手に触れないで、相手を飛ばす「遠当て」といわれるものがあります。たとえば、相手が動き出そうとしたときを狙ってタイミングよく気合いを入れて声を出し、相手の動きを止める。または、相手の動きを遅らせる。「気」の働きを味方につける方法です。「位置について、ドーン！　バババッ！」は、その応用です。

「イヤな上司論文」を仕上げるつもりで

私も新卒で入社した映画制作会社で、理不尽な上司に出会いました。「おい！」と呼ばれてその人の前に行くと、「お前、俺の顔を見てるか」と来るわけです。見てると答えると、「へぇ～。見てるのに、俺の顔に何て書いてあるかわからないのか？」と、指で自分の頬を指しながら、「おーちゃ。お茶だよぉ!!」と罵声を浴びせます。お茶を持っていくと、いやコーヒーだとか、違うだろ弁当だとか、延々に続くわけです。

「こいつさえいなければ」と思った瞬間がありました。私は背後からロープで相手の首をググーッとしめようと……相手が「おい！」と呼び掛けて振り向く、咄嗟に、「肩でももみましょうか」といって事無きを得ました。

その人は「おまえ、気が利くようになったな」と満足げでしたが、一瞬、ひるんだのがわかりました。その後、人事異動があり、その人との関係は終わりました。

理不尽な目に遭ったとき、感情的に受け止めてしまうと、結局、相手に振り回されます。だから、**まずは機先を制する**ことが大事です。そして、**次に大事なのは、相手を徹底的に分析してみる**ことです。

自分を苦しめている上司とはどういう人物で、どういう環境や立場、性格、行動特性、思考回路なのか。論文が一本書けるくらい、緻密に観察してみるのです。

ただ単に「イヤだ」「理不尽だ」だとつらいのですが、「ここがおかしい」「ここが嫌い」ということを見ようとすると、相手のパターンがつかめてきます。すると、優位に立てるのです。私が瞬時にパワハラ上司の肩をもむことができたのも、「この人は家庭のいざこざの鬱憤《うっぷん》を、自分に向けているだけなのではないか」と発見したからです。

「脱出」は、逃げずに対峙してから考えるのでも、遅くはないでしょう。

「マネジメント」の本質とは何か？

仕事の９割は位置取り。「お世話係です」と言える上の人間こそが瞬時に人を束ねられる。

多様性の時代に必要な発想

年上の人間が自分の部下になったり、逆に今まで上司だった人間が下につくことも珍しくなくなりました。外資系企業に限らず、人種も国籍もさまざまです。正社員だけでなく派遣やパートなど働き方も多様化しています。組織のなかでマネジメントを任されるようになったとき、知っておくといいのが、「お世話係」という位置取りです。就任と同時に、「私は皆さんのお世話係であります。ですから、何でもいってください。粉骨砕身、がんばらせていただきます」と宣言してみてください。これを実践した人で、マネジメントがうまくいかなかった人を私は知りません。

魔法の言葉ともいえる「お世話係」ですが、これは幕末の思想家、横井小楠《しょうなん》の考え方です。彼は、勝海舟をして、「俺は今までに恐ろしいものを二人見た。一人は横井小楠、もう一人は西郷南洲（隆盛）である」といわしめた人物。まさに時代の先覚者でした。

坂本龍馬の「船中八策」も、明治政府の基本方針である「五箇条の御誓文」も、その大本は横井小楠の書物にあります。

横井は、「学校問答書」という書物で「学政一致」を説いています。これは、「政治と道徳は別のものではない」という考えです。私流に説明すると、**「人の上に立つ者は、政治学や法学や経済学さえ学んでいればよいというものではありませんよ。人の心に通じる規範を知り、それを教えようという気概がなければ、人をまとめ、集団をよい方向へ導くことはできませんよ」**ということになります。

ですから、横井は「身分の上下、貴賤、老少、有閑の別なく、常に講学せよ」と説いていいます。「お世話係」という発想は、こうした思想が背景にあってこそ生まれたものだと推察します。

ついでにいうと、それほどの人物がなぜ歴史の表舞台に出て来て、日本国民の多くが知るところとはならなかったのか。彼はちょっと酒席での失敗が多かったのと、才気走っていたために周囲からの誤解も多かった。最後は暗殺されてしまうのです。

とことん「聞く」

「皆さんのお世話をいたしますよ」。これは、自分に自信がなければいえない言葉です。皆にしっかり働いてもらいたくても、上から頭ごなしにいったのではそっぽを向かれます。しかし、下手に出過ぎるとなめられます。「お世話係」というのは、絶妙なへりくだりの表現であるわけです。

こういわれたら、周囲は「この人に相談すればきっと大丈夫だ」と信頼するでしょう。「失敗してもフォローしてくれるはずだ」という安心感を共有できます。集団全員がそのような気持ちになれれば、チームの士気は確実に上がります。

あなたがマネジメントを行う立場になったときは、最初が勝負ですよ。まず最初に皆の心をぐっとつかんでしまう。仕事の9割は立ち位置で決まるのです。

最強の「お世話係」であるためのコツは、話をとことん聞くことです。人をまとめる極意はこれしかないのですが、「とことん」の意味を知らない人が実に多い。

たとえば、部下から「ちょっとお話が」と相談を受け、廊下の隅で話しはじめたとしますね。そこを社長が通り過ぎる。そんなとき、「あ、どうも、どうも、先日は」などと、目の前の部下よりも社長を優先するのはもってのほかです。

あなたは部下の「お世話係」なのです。相手が社長であっても、「今は何よりあなたの話が最優先だよ」ということを態度で示さなきゃいけない。それが、「相手の話をとことん聞く」ということです。

だから、とことん聞くチャンスは、確実に信頼を得るチャンスでもあるのです。

「**武器**」は何か?

ファースト能力よりセカンド能力を生かす。この逆転の発想が、戦略になる。

転職のヒント

日本の会社の特徴である終身雇用や年功序列が崩壊しはじめていることを、実感されている方が多いからでしょう。転職についての相談が後を絶ちません。

転職したい理由はさまざまあるわけですが、皆が口を揃えて尋ねるのは、「今が転機だと思っていいのでしょうか」ということ。私は占い師ではありませんので、ひと様の人生のタイミングを見計らって導くことはできません。しかし、考え方のヒントを提示することはできます。

まず、考えてほしいこと。それは、「あなたはどんなことが得意ですか」ということです。「○○が得意です」ということが、直接今の仕事に結びついている人もそうでない人もいると思います。まあ、それはどちらでも結構です。

次にもう一つ考えてください。「じゃあその次に得意なことは何ですか」。どうですか。「○○です」と具体的にいえますか。

私は、一番得意なことを「ファースト能力」、次に得意なことを「セカンド能力」と呼んでいます。転職に限らず、**人生における仕事というものを考えるときに重要なの**

が、**実は「セカンド能力」**なのです。

戦略的に生きる

以前、知人の娘さんについてこんな相談を受けました。娘さんは大学の英文科卒で、留学経験もあり、英語が堪能。その能力を生かして、外資系企業や通訳・翻訳の仕事に就きたいと希望しているとのこと。しかし、私はこう答えました。「それはやめたほうがいいですね。英語を生かせる職場には、もっとすごい英語の達人がゴロゴロいますよ。ところで、娘さんが英語の次に得意なことは何ですか?」。

その娘さんは、ファッションに関心が高く、デザインや流行についてもよく勉強しているというので、私は「ファッション業界に入って、英語を生かしたらどうですか」と提案しました。結果は、海外直輸入のファッション誌の翻訳をまかされ、社内で貴重な存在になりました。

つまり、「セカンド能力」を生かして道を開き、そこで「ファースト能力」を駆使する。一番と二番を逆転させる発想で、自分の能力をフル活用できます。この発想がないと、どうしても「ファースト能力」だけで勝負しようとあがいてしまいます。そして、「ファースト能力」で勝てないと負けたような気になったりもします。そこで意地になってしまうと、できる人たちのなかで埋もれ、どんどん自信を失っていくという悲惨なことになりかねません。頭一つ抜きん出るには、発想の転換が必要なのです。これは、自分の武器をどう使っていくかという戦略をもつことにもつながります。

この二つの能力は、「一番目に好きなものは?」「では、二番目は?」というふうに考え、見つけてみてください。「税理士だけど、カメラマンとして個展も開いています」「普段は弁護士で、ときどき友人と立ち上げたベンチャー企業の営業マンとしても奮闘」という「ウリ」があれば、人の記憶にも残りやすくなります。就職、転職、また、リタイア後の活動や再就職に至るまで、大いなる助けになることでしょう。そんななかから、「一生の仕事」「勤めたい会社」などが見えてくるのかもしれません。

ポイントは「好き」ということ。好きじゃないとダメです。

最近は子どもの個性より学校の成績とか人に勝つことばっかり強いている親が多すぎます。だから子ども自身も自分の好き嫌いがわからなくなっちゃうんです。これは将来、行き詰まりますよ。そういう子はかわいそうです。好きなことは絶対やらせたほうがいいです。

「頭でっかち」になっていないか？

営業日本一の人は歩かない。走るんだよ。
身体で覚えたことは一生の宝。

研修の意味

ある人事担当者から聞いた話です。入社試験で面接官が学生に質問を促した際、近ごろ頻繁に出るのが、「御社に入ったら、どんな研修をしてくれますか？」なのだといいます。このような学生は、会社が自分をもてなしてくれるとでも考えているのでしょうか。手厚いサービスに慣れ切った消費者気分のまま、社会に出ようとしているのでしょうか。これは大変な世の中になっていると、あらためて感じました。

人が何かを習得しようというとき、本来は「鍛錬」「稽古」というべきです。昔はそういう言葉を使っていました。東洋的な考え方として、「頭脳で思考する前に、まず身体で身につけよ」という教えがあるのです。

禅宗の曹洞宗では、「まず実践せよ」といっています。難しいことは知らなくても、まず座禅を組み、その経験を重ねることで、お釈迦さんや道元さんの教えがわかるようになるよというわけです。もちろん、すぐにはわからないものなのですがね。

ただ、身体を使えば、頭で理解して得る以上のものが、理屈を通り越して入ってきます。だから、いったん鍛錬や稽古によって身体に沁みついてしまえば、たとえ心が動揺してしまったときでも、高いレベルでパフォーマンスが発揮できるのです。

研修は、たとえ「実践」が伴うよく練られたプログラムであっても、やはり「実戦」ではありません。頭に詰め込めばなんでもクリアできると思ったら大間違い。仕事でキャリアを積み上げたいと思うなら、頭でっかちは禁物なのです。

素晴らしさを真似る

某生命保険会社に伝説の女性社員がいます。保険セールスで長年、日本一という、凄腕でした。先日その会社に久しぶりに講演に行ったら、なんと今はその女性の娘さんが一位だというんです。DNAのなせる業なのでしょうが、こうも考えられませんか。娘さんは母親の働き方を見て学んだ。つまり、職人芸を見て身につけた、と。

ということは、素晴らしい働き方というのは伝承できるということです。また、やり方しだいで譲り受けることもできるということです。伝統芸能や職人の世界では今も生きている、こっそり盗むというやつですね。

これまでいろいろな企業を見てきましたが、どんな職種であっても、営業日本一の人には「歩かない」という共通点があります。ちょっとした距離でも走るんですね。決してのんびり歩かない。要するに、お金にならないデッドな時間を極力短くするということです。プロフェッショナルは走るんです。

その娘さんは、母親が働く姿を実際に見たわけではないかもしれない。でも、すぐに靴底が磨り減ることなどに気づき、働きぶりを想像したということも考えられます。

それだけ営業という職種は、名人性や卓越性があらわれてくるものなのでしょう。数字がダイレクトに表に出る厳しい世界だからこそ、プロフェッショナルがそれぞれに導き出した仕事への取り組み方があるのだと思われます。

身近に、○○支社の伝説的社員とか○○部トップとか、「あの人はすごい」と話題に上がるような人物がいれば、働きぶりを目に焼きつけて真似をしてみるといいですよ。「学ぶ」という言葉は、「真似る」に由来するといいます。頭で考えてガチガチになり、縮こまってしまう前に、誰かの真似で十分ですから、動き出してみてください。元気が湧いてきますよ。

真剣に生きている姿は必ず伝わる

子どももそうで、親の背中を見て育つわけですよ。親が本当に真剣に生きているかどうか。子育てなんて突き詰めれば、それだけだと思います。親が覚悟を決めて仕事に取り組んでいれば、それがいちばんいい育児なんです。ちゃらんぽらんで腰が座っていないような生き方とか、色恋に走っちゃうとか、そういうのは子どもを育てるという意味では一番ダメです。

毎日、真剣に仕事に励む。仕事を真剣にやっている人ほど、子どもとの時間が少ないのでは……と悩む人も多いんですよね。でも、そういう気持ちがあるからこそ、家に帰ったらとことん子どもに向き合う。そういう姿が、子どもから見たら、最高の学びじゃないかと思うのです。

教育の最大の目的というのは「自活」だと思います。自力で生きていく力を育てる。だから、精神的な基盤をしっかり作ってあげないといけないのです。物事の本質をわかるような子に育てる。そういう子はどんな状況になっても右往左往しないし、動じない。自分の人生について考えられるし、やるべきことに的を絞れるんです。

教育はいろんな人が意見を言いやすい分野ですが、これからの時代、そういう精神基盤のしっかりした自力で生きていける子を育てる教育というのが大事なんじゃないでしょうか。

「アクション」を起こしたか？

自分に合う「稼ぎ方」は絶対ある。
こんな恵まれた時代に「待ち」は無しです。

稼ぎやすい時代

「今この時代に30代、40代だったらよかった」。ときどきそんなことを考えます。現代ほど稼ぎやすい時代はこれまでにないのではないでしょうか。

たとえば、何かの商品を売りたいとします。私の若い時代ならば、自分で商品を担いで売り歩くか、店舗をもつか、とにかくリアルで勝負しなければなりませんでした。でも、今はネットで手軽に店舗を立ち上げることができます。

店を構える必要がないのですから、敷金・礼金、家賃、店員にかかる人件費などが要りません。初期投資やランニングコストが非常に少なくて済みます。そして、「拡散」という強力な口コミによって、商品が支持を得るやあれよあれよと日本中、いえ、世界中に広まっていきます。夢のような世界が現実になっています。

つまり、因縁果の因と縁の可能性が多様化しているわけです。しかし、こんな恵まれた時代にありながら、「自分は一介のサラリーマンだし」とか、「ただの主婦だし」「パートぐらいしかやれることがないから」などと愚痴めいたことをいいながら、今の生活に不満を抱いたりしている人がたくさんいます。そして、お金という単なる物質に苦しめられています。私からすると、嫉妬すら感じる今。「こんないい時代に何をいっているんだね！」といいたくもなるのです。

創意工夫を徹底的に

以前、私の受講生のなかに「とにかく稼がなければ」と追い詰められた女性がいました。共働きで一児の母なのですが、実母の高額な入院費を賄《まかな》っているため出費がかさみます。そこで、副業を考えはじめたのです。

ネットで不用品を売った経験がきっかけで、ネット専門の仲買業を知り、土日にその会社でアルバイト。本業と二足のわらじの努力もあり、最初こそ利益は微々たるものでしたがしだいに増益し、やがて円満独立、起業。その頃には、その副業だけで月50万円ほどになっていました。

そして、自社がたった数年で急成長したところで、そのサイトを潔く手放し、彼女は数億円の資産家になりました。今はそれを元手に新しいビジネスに挑んでいます。

副業に手をつけた当初は、「何をやったってうまくいかない」と嘆いてばかりでしたね。でも、私の講義に通いながら世間話の体で、「今こんな感じなんですよ」と報告したり、「○○に詳しい方をご存じないですか」と相談したりして、数々のアクションを起こしていました。試行錯誤し、うまくやる方法を考え抜こうとしているのが、こちらにも伝わっていたのです。

「今という時代は、先行き不透明で最悪なときなのだ」と、皆、刷り込まれ過ぎているかもしれません。そんな世間の風潮が、「どうせやってもムダ」と萎縮させてしまっている面もあるのでしょう。

でも、その逆です。今は創意工夫の時代です。ニッチな商売の芽を見つけた人たちは、何も海外の有名なビジネススクールを出た人ばかりではありません。**「この境遇をどうにかして好転させられないか」と、何かしらアクションを起こした人が、結局、人生を変えること**ができています。

どぎついい方をすると、**経済というものは、動かす側に回るか、翻弄されっぱなしの側にとどまるか。そのどちらか**なのです。でも、それは生まれつきでも何でもない。考えに考え抜いたか、アクションを一つでも起こしたか。その違いでしかありません。こんなに恵まれた時代に「待ち」の姿勢は無しです。あなたに合う「稼ぎ方」「働き方」は、どこかに必ずある。どうにかすれば、自力でつくれます。

「生涯現役」を貫きたいか？

現役時代から
自活力をつける準備をしておきなさい。
専門領域で月収5万円以上。
これが安泰の目安。

経営者の引き際

経営者が頭を悩ませる最大の難題が、「引き際」です。

引退に関する相談を受けたときにまずお話しするのが、「引く準備には10年かかるよ」ということ。後継者が決まっている場合もいない場合も、徐々に、徐々に、いろいろなポジションに適材適所、人材を細かく割り振り、権限を渡していくことが大切です。自分の引退を視野に入れた、こうした作業にできるだけ早くから手をつけ、着々と準備しておかないと、辞められなくなります。

ただ、今いったことは当たり前といえば当たり前。実はもう一つ10年かかることがあります。そちらのほうが、難しいかもしれません。それは、引退後の生き方です。

相談役として、ずっと会社を見守るのも一つの方法です。だけど、これまでたくさんの経営者を見てきた経験からいうと、スパッとすべて人に譲って、自分の新しい一歩を歩き出した人のほうが、その後も愉快に生きています。

「今まで多忙を極めた日々だったので、今後は趣味を十分に楽しむつもりです」「ボランティアに勤しみたいです」という人もいます。ですが、私の見る限り、そう話していて年を重ねるごとに愉快になっていった人はあまりいません。

でも、それは自明の理です。経営者というのは、血なまぐさい世界で生きてきた人種です。切った張ったの厳しさに、命をかけてきたのです。だから、趣味でのんびりしたいと思っていても、血なまぐささがないと満足できないんですね。

そこで、「生涯現役」という生き方です。生涯現役というと、毎日通う場所の有無や何がしかの組織に所属して、何がしかの肩書があるかどうかだととらえる方が大半ですが、私の考えはそれとは違います。どんな形であれ、収入を得る手段があるかどうかです。これが、生涯現役の概念だと思ってください。

たとえば、自分が培ってきた得意分野について話を伺いたいと人がリクエストしてくれれば、講演会を開けます。大きなホールで大々的に行うばかりではなく、地域で活動してもいいわけです。専門分野の研究に打ち込んできた人なら、それを若い人たちに教える機会をもつこともできます。

大切なのは、お金に還元できる経験や知識や技術をもっているかどうか。目安は、月5万円以上の収入があることです。実は、月に5万円の収入を得るのも100万円を得るのも仕組みは同じ。5万円稼ぐことができる人は、現役時代と同等の収入を得続けられる可能が高いのです。

「定年後」の大丈夫のために

では、一般企業に勤めるビジネスパーソンはどうか。60歳で定年を迎え、その後の人生をどう生きるか悩んでいる方は少なくないでしょう。せめて65歳で年金支給がはじまるまでは働きたいという人が大半です。

以前、知人が立ち上げた、50代、60代からの転職、再就職に関する会社のアドバイザーをしていました。会社という拠り所がなくなってから、慌ててハローワークや民間の情報サイトなどで仕事を探そうと奮闘しても、そううまくいくものではありません。ことごとく不採用となり、まるで駆け込み寺にすがるかのようにたくさんの中高年がやって来て、一様に「今後が不安」「どう生きていけば」と嘆くのです。

私にいわせれば、「現役時代に何をやっていたんだね、バカヤロー」です。ここでキーになるのが**自活力**。読んで字のごとく、**自分を活かし、自分で生きていける力**のことです。

定年までに自活力をつけてこなかった人が、どうして定年後にいきなり自活できるでしょう。「あ〜困った」と嘆いている人は、そうやって嘆いているよりほかないでしょう。だって、何もやってこなかったのですから。

一方、現役中に、定年後を見据えて資格を取ったり、社外の人間と交流したり、生き方のモデルになる人を探すなどして、日々の仕事と並行して生きる道を探してきた人は、自活する準備ができています。そういう人が定年後に不幸になって、何もやってこなかった人が幸せになるということはまず起こらないのが道理というものです。

だから、今、本書を手に取った定年後の中高年の方は、自業自得なのだから諦めてもうより仕方ない。……しかし、それではあまりに愛想がないので苦肉の策をお教えしておきます。これから定年を迎える人たちにとっても有効な方法です。

まずやるべきは、**自分の力の棚卸し**です。信頼できる人物や第三者的な立場で自分を見てくれる人に、あなたが自分の得意技だと思っていることを見てもらうのです。できれば書き出してみて、その力が在籍していた会社以外のどんなところで役に立ちそうか、普遍性はあるのか、そういうことをジャッジしてもらいます。

まだ定年を迎えていない人の場合は、ヘッドハンティング会社に自分から出向いて、「いい会社があったら移りたい」と相談してみるといいですよ。30代のうちから5年に一度くらいの頻度で行くといい。そうすると、いかに自分に特別な能力がないか思い知らされます。

「私は我が社で○○の分野で実績を上げまして……」などといっても、じゃあそれがほかのどこで通用しますか？　そのような方はごまんといますが？　どなたか名のある方があなたを認めておられますか？　と鼻で笑われるのがオチです。

そして、自分くらいのレベルの人間など掃いて捨てるほどいる、たいしたことないんだとわかる。己を知ることができます。深く傷つくこともあるでしょうが、だからこそ「これではまずい」という意欲が生まれ、資格を取ろう、セミナーで学ぼう、人脈を広げようという行動につながり、それが自活力につながるのです。

長く一つの会社でやってきた人には、客観的な目で見れば売りものはあるはずなのです。意外にコンサルタント能力がある、問題解決能力に長けているなど、何かしらあるのです。ただ、それが会社という守られた環境のなかにいると、意識的に自己チェックするのが難しい。先行き不透明な今こそ、会社員時代に培った種芋を元手に、組織に属さなくても「これで食っていける」というものを準備しておくのです。

あくまでもポイントは実益。月5万円を目指すのです。

5章

くじけない

——立派な人間かどうかは天は問わない。
なろうとしているか？　を問うている

「失敗」を恐れていないか？

「イヤなことよ、来い！」と叫んでごらん。
「いいこと」しか起きない気がしてくるから。

挑戦のコストパフォーマンス

「困難な仕事にも次々と挑戦している同僚がうらやましい。どうすれば、そうなれるのでしょう?」と、相談されたことがあります。「あなたも挑戦すればいいじゃない」というと、「でも、失敗して傷つきたくないですよ」という答えが返ってきました。

就職したばかりの若手から働き盛りまで、多くの人が現状を打破したいと思いながら、「失敗したくない」と恐れて縮こまっています。その言葉を聞くたびに、「ああ、もう見ていられんな~」ともどかしくなります。「失敗したくない」という人は必死に願っているのです。「失敗よ、こっちに来ないで」「あっち行って」。そしていつも、「失敗するんじゃないか、失敗するんじゃないか」とビクビクしています。

必死に「失敗しませんように」と願うのは、「どうか失敗しますように!」と熱心に願掛けしているのと同じことです。万物の根源である「道」に、「どうか失敗させてください」と念を送っていることになります。

それほど必死に願ってしまうのは、ほとんどの人が「失敗は損だ」と考えているからにほかなりません。不景気が長く続き、先行きは不透明。そんな時代だから、やった分だけは確実に元を取りたい。つまり、失敗はコストパフォーマンスが悪すぎるというわけです。

失敗センサーを鍛えよ

極端に失敗を恐れる日本人が増え続けるのに対し、私のもとへ訪れる海外からの来訪者は様子が違います。とくにシリコンバレーの若い起業家たちは、東洋思想を教わるために異文化の地まで海を渡って来ているというのに、一様に自信たっぷりです。

気に食わないほどのそのタフさはどこから来るのかといえば、それまでの失敗経験にあります。彼らが皆、異口同音に口にする言葉が、「私は失敗し続けた。失敗のベテランだから、もう失敗はしないのだ」です。

彼らは、「失敗とは成功の確率を高めてくれるもの」ととらえています。私もこれまでとことん失敗したのでわかりますが、あれもこれも失敗し尽くすと、「こっちへ行くと失敗のパターンだ」と、だんだん「失敗センサー」が作動するようになります。

だから、失敗はありがたいものなのです。**一度失敗したら、未来の失敗の可能性を一つ消したと思えばいい。**だいたい10回くらい失敗したら、うまくことが進むようになります。だから「早いうちにたくさん失敗して、失敗パターンを学んだほうがいいんです。若いときのほうがダメージが少ないから。詐欺師に引っ掛かりやすい人だって、11回目はないですよ。なぜなら、詐欺のテクニックなどせいぜい10個くらいしかないからです。

過保護に育てられ、一流大学を出て一流企業や官庁へ。そこで人生はじめての失敗を経験し、「自分はもうダメだ」と挫けてしまった人をたくさん見てきました。負けを知らないというのは、たった一度で立ち直れなくなるくらいリスクが高い。ポッキリ折れたエリートは人生を取り戻せないことが多いのです。

私みたいな人間は、ずーーっと負けてきたから負けに強いんです。だから逆に勝てるようになってくると、どんどん強くなります。

失敗を恐れてビクビクしているくらいなら、いっそ「イヤなことよ、来い！」と叫ぶんです。もちろん、自宅など人に迷惑をかけない場所で、ですよ。私は「イヤなことが起こったって負ける自分じゃないぞ」という意味を込めて叫ぶようになってだいぶ経ちますが、イヤなこと、本当に来なくなりましたよ。試しに心のなかでもいいから、叫んでみてください。不思議に「いいこと」しか起こらない気がしてきますから。

そういうふうに生きていると、失敗が怖くなくなって覚悟が決まります。

この「覚悟」って大事なんです。どんなことが起きても、ちゃんと受け止められるようになる。逃げなくなる。なぜ、その失敗が来たのか、自分に何か理由があるから来たんだと思えば、なんでも益になります。

そうすると、たとえ挑戦の結果が失敗に終わっても、「次は成功するしかない!」という思考回路に変わってきます。「成功するのだ!」という一念が貫かれていきます。

失敗センサーを磨くチャンスは、失敗経験にしかないことがわかってくるのです。

「自己憐憫」が癖になっていないか?

「大丈夫?」と
心配されることを望んでいたら、
ますます悲惨な状況がやってくるだけです。

かわいそうな自分

何気ない会話から、相手が大丈夫な人かそうでないかを見抜くことができます。それは、その人の苦労話に及んだときです。こちらが、「へぇ、そんなことが」などと聞き入ると、ここぞとばかりに哀れっぽい声音を出し、涙を浮かべんばかりの表情で、延々と語り続ける人がいます。

そんな姿をなぜわざわざ他人にさらけ出すのかといえば、かわいそうがってほしいからです。「相談に乗ってほしい」が口癖の人がいますが、その手も多くはアドバイスを求めているわけではありません。「大変だったね」「ひどいことがあるもんだね」「よく耐えたね」「偉いよね」と憐れんでほしいのです。「この人は自分を理解してくれている」と察知するや否や、さらに自分のことをかわいそうに語り続けるでしょう。

ちょっと意地悪ですが、試しにそういう人に会ったら、もっと憐れんであげてごらんなさい。「ええ、ええ、本当に苦労をしましてね……」などと、ポロポロと涙をこぼしたりしますよ。これが、自己憐憫《れんびん》です。

「大丈夫」な人は、そういう反応はしないものです。こちらが本心から気の毒だと感じてなぐさめの言葉をかけても、そういう憐れみにはまったく乗ってきません。「まあ苦労はしましたけど、そのなかには発見もありましたよ」と、明るく笑って返すでしょう。「大丈夫」な人にはそういう強さがあるのです。

「もう一人の自分」の目で見る

自己憐憫というのは、とても怖いものです。人から憐《あわ》れまれることに安堵感を得てしまうと、知らず知らずのうち、さらに自分がかわいそうになることを待ち望むようになります。これは、今の自分を否定しているのと同じこと。ですから、この状態がニュートラルになってしまうと、かわいそうな境遇から離れられなくなって、状況はどんどん悪い方向に傾きます。

憐れまれることを待ち望んでいないかどうかは、自分で気づく以外に方法がありません。ですから、そこは用心深くする必要があるのです。

20代後半、「こんな情けないヤツは、生きていちゃいけないんじゃないか」「いっそ思い切ってパッとあの世へ行っちまおうか」と、考えた日がありました。それは、友人たちが私を励ます会を開いてくれることになっていた日でした。当日、出掛けなければと思うのですが、体が動きません。そんな自分の情けなさに涙が流れ、重い足取りでやっとたどりついた最寄りの駅のホームで、よからぬことが頭をよぎりました。

そのとき、ベンチの端で女性が話しているのが聞こえました。「今朝、ここで人身事故があったって」「自殺⁉」「若い人らしいよ。なんで死ぬかねぇ、何やったって生きてけるのにねぇ」「ホントだねぇ」。

その会話に出鼻をくじかれました。ホームには、何事もなかったかのように次々と電車が滑り込み、人が乗り降りします。貴重な命が一つ消えたその同じ日の同じ場所で、そんなことを知らない人たちが、今日という日を生きています。世の中はダイナミックに動いているのです。泣いている私に目をくれる人など、一人もありません。「世の中ってこんなもんなんだ」と気づいた瞬間、気持ちが吹っ切れました。そして、自分を憐れんでいた自分を手放すことができました。

人生がうまくいかないときは、自己憐憫が癖になっていないか、一度自分で点検してみる必要があります。誰かに「大変だったね」とねぎらわれたときの、自分の対応を思い出してみてください。心の中に自分を憐れむ心がないかどうか、「もう一人の自分」の目で、しっかり見てみてください。

「**感情**」をコントロールできるか？

「自分に逆らうトレーニング」で自分を手なずけ、自分自身を意のままに扱える人間に。

「ビールはまだだよ」

最近、「感情のコントロール」に関心が集まっています。そのなかでもとくに注目されているのが「怒り」です。怒りというのは、それだけ扱いづらい感情なのでしょう。怒りっぽいというのは、いけませんね。周囲の人にイヤな思いをさせるだけでなく、周囲に「私は自分を律することができません」と自ら吹聴しているようなものです。「大丈夫な人間じゃないんですよ」と宣言してしまっていることになります。

コントロールが利かないことで一番苦しいのは、本当は自分自身です。だったら、直しませんか。これには、田口流の訓練があります。名づけて、**「自分に逆らうトレーニング」**です。

やり方は実にシンプルです。私は自宅で執筆に勤《いそ》しむことが多いので、日が落ちてくると「今日はこのへんまでにして、そろそろビールだな」という気分になってきます。そういうとき、「いや、まだ止めないよ」と自分で自分に逆らいます。「あと30分は書く」と自分にいい聞かせるのです。

30分経つと「もうビールだ」となりますが、そこでもう一度、「いや、まだだよ」と逆らってみます。これを何度もやるんです。「いや、まだだよ」と実際に口に出すと効果は絶大です。

パチンコでもいいですよ。仕事の空き時間につい行きたくなるという人、パチンコ店の前を通って気持ちがグラグラしたら、「仕事中は行かないよ」と自分に逆らってみてください。毎回そう宣言していると、行く気が失せてきます。

甘い物が我慢できず、つい食べ過ぎてしまう人は、「今日は一つだけにしよう」「半分だけだよ」と制限する手もあります。徐々にでもいいのです。

自己制御力アップ

ビールもパチンコも甘い物も、怒りとまったく関係ないじゃないかと思うかもしれませんが、まったく関係ないところでやる訓練だから意味があるのです。

つまり、ラクなほうへ流れようとする自分や、怠惰な自分が顔を出したとき、バッサリ切る。自分を全否定。とにかく全力否定です。この訓練を重ねることによって、弱い自分をそのままにしておかない癖をつけることができます。

たとえば、犬のしつけも、犬が右へ行こうとしたら左へ引っ張り、左へ行こうとしたら右へ引く。それを繰り返していると、飼い主の言うことをきくようになるといいます。実は人間も同じです。ことごとく相手の反対をやっていると、そのうち相手を自分の思うように手なずけることができる。

ですから、自分に逆らい続けることが、自分を意のままにする秘訣なのです。「自分に逆らうトレーニング」は、自分で自分を手なずけるトレーニング。単にビールやパチンコや甘い物などの欲望がコントロールできるようになるだけでなく、社会的な場面での感情のコントロール、自己制御力をアップさせることにつながります。

己の弱い精神を克服しようという心意気。これを克己《こっき》といいます。

自分の心というのは、自分の訓練しだいで制御できる。このことを体験的に知っておくのは、人生においてとても大事です。

「裏切り」の正体を知っているか？

いくら泣いても、相手を信用したのはあなた。同じ目に遭う前に「だまされない自分」をつくりなさい。

被害者意識を捨て去れ

ある起業家が、「やりたいことをやるために会社を興したのですが、そのために人に裏切られるというひどい目に遭《あ》いました。しなくてもいい苦労をしている」と相談に来ました。でも、よく考えてみてください。どんな裏切りにせよ、相手を信用したのは誰ですか。そこをちゃんととらえないといけません。

全幅の信頼を置ける相手がいるというのは、とてもよいことです。しかし、信頼を置ける部分の反対側には、同じくらいのしたたかさや計算があるかもしれない。そういうことを承知して、人を見ることが大事です。考え方の基本は、やはり陰陽です。

孫子は、「兵は詭道《きどう》なり」といっています。戦略の最大のポイントは、人を偽りあざむくような、正道ではない方法が必要だということ。これは、単にズル賢い人間になれという意味ではなく、だまされない自分をつくれというのが真意です。

では、だまされない自分になるにはどうすればいいのか。答えは簡単で、だませる自分をつくればいいのです。オレオレ詐欺などやらせたら天下一品というくらいだましのテクニックを勉強してみれば、どんな状況でも相手の手の内が読めます。普段の人間関係でも、「相手はこう来るだろうな」と常に頭を巡らすくらいのしたたかさはもっておいてほしいですね。

そして、「ははー、こうすれば相手をだますことができるのか」とわかった時点で、それは自分の内にしまう。だまそうと思えばいつでもだませるけど、決して使うことはしないのです。そんな自分になれれば、裏切りで泣くことはありません。

策よりも理解者

ビジネスベースの人間関係では、裏切りだけでなく、一方的に責められたり、理不尽な扱いを受けるなど、「なんでそうなるんだ！」と叫びたくなることが相次ぐものです。それが社会というもので、そういう目に遭うのはいい経験なのです。

仮に、だまされたとして、「だまされたんですよ」と人に泣きついたり、大袈裟に自分の悲惨話を披露するのは、自己憐憫以外の何物でもありませんね。「ひどい目に遭ったねぇ」「ひどい人がいるもんだ」「あなたみたいにがんばってる人がどうしてそんな目にねぇ」……。こんな言葉をかけられて満足しているようでは、まだまだです。

人を信用してだまされてしまったら、誰にも口外せずに黙っておくのです。そして、

「自分の見方が甘かった」「どんな点を反省すれば？」と考え抜き、**「人を信用するのは自分の責任なんだ」**と自分にしっかりといい聞かせておくことです。

堀江貴文氏は、ライブドア時代、信頼していたビジネスパートナーに裏切られた経験があるそうです。そのとき、だまされずに済む方法はないのかと考えた結果、「許すことだ」と気づいたといいます。

「どうして相手はそんなことをしたのだろう」と考えたところで、理由はわかりません。悪意からなのか、魔がさしたのか、方法論の違いが表面化しただけなのか。だから、理由の解明にエネルギーを使うよりも、相手を信じたのは自分なのだから、裏切りも受け入れたほうが理にかなっているという考えに行き着いたといいます。これも一つの考え方でしょう。

裏切りを恐れてビクビクするくらいなら、理解者を一人でも増やすことを考えたほうがいいですね。理解者とは、単に受け入れてくれる人というのではありませんよ。優しく受け入れるだけなら、ちょっとお金を出せばその辺りの繁華街にいくらでもいい場所があります。これは、理解者とはいいません。理解者というのは、支援してくれたり、チャンスをくれたり、いつも応援してくれる人のことです。

「成功」とは何か？

よい友、よいパートナー、よい仕事、よい家。この４つが「そこそこ」揃っていること。

よい人生とは

私はこれまで、「大金持ちになりたい」「大成功者になりたい」と思ったことは一度もありません。本当のことをいえば、事業がうまくいかず経済的に苦しかった頃は、「もっと元手がほしい」と切実に願いました。しかし、大金持ちになりたかったわけじゃない。私はただひたすら「よい人生」を生きたかっただけです。

私の考えるよい人生とは、**「そこそこ嫌なことがなく、そこそこ楽しいことのある人生」**です。それが、成功ということではないでしょうか。

今がうまく回っている人も、まだまだだと感じている人も、人生の成功とは何かについて考えてみませんか。私は次の4つの条件があると考えています。

①よい友がいること
②よいパートナーがいること
③よい仕事があること
④よい家があること

さて、あなたはどうですか？

節目で振り返ってみる

よい友は、よい人生をもたらしてくれます。苦しいときや落ち込んだとき、「ああ、あいつがいる」と思い浮かぶような人物、「あいつならどう考えるだろう」と頼りにしたくなるような人物を何人もてるかで、人生は大きく違ってきます。

そんな人間関係を構築するには、いつも、どんなときも、相手のためにベストを尽くすことです。「徳」を惜しみなく与え合う「感謝の関係」こそ、本当の友人関係です。

よいパートナーは、一番苦しいときに励まし合えるかどうかで決まります。結婚して生活をともにすると、いろいろな顔が見えてきますね。最初は美点しか目に入らなかったのに、しだいにイヤな点しか見えなくなる。もっといい人がいたんじゃないかとさえ思う。

でも、あなたにピンチが訪れたとき、ずっと支えてくれたのは誰だったでしょう。「私のようなダメな人間に、よくつきあってくれているものだ」という気持ちを日頃から互いにもてるかどうか。「私のような立派な人間だから」と思った瞬間に、大切な存在を失ってしまいますよ。

次に、よい仕事。これは、自分自身が充実感や満足感を得られることが最大のポイントですね。世間から「立派ですね」なんていわれても、本当に自分が精魂を傾けられるものでなければ、人は喜びを感じることはできないのです。

最後に、よい住まいです。さまざまな事情から、自分の家で暮らすことができない人がいます。震災で仮設住まいの人、長い入院生活を強いられている人。私自身も長い療養生活を経験していますので、自宅へ戻ったときのなんともいえない安堵感は忘れられません。

よい住まいと聞いて、豪華な邸宅などを思い浮かべる人は、まだ住まいで苦労したことの少ない人です。昔の日本家屋のように、たとえ四畳半か六畳くらいの狭さでも、寝起き、食事、勉学、家族との憩いなど何でもこなせる。ちょっと手を伸ばせばほとんどの用が足りる。そして、わが家の匂いが常に漂っている。そんな空間のある家が、よい住まいです。

よい友、よいパートナー、よい仕事、よい家。この4つがそこそこ揃って、70点くらいと思えるなら充分でしょう。私くらいの年齢になれば、夫婦ともに「まぁ健康」でいられるだけでいうことありません。人生の節々で、振り返ってみるといいですね。

「継続」のコツを知っているか？

「辞めてやる！」と思ったそのときが、抜群の仕事をする大チャンス。

人の「伸びどき」

「会社を辞めたい」という相談で、私のところにやって来た人は数限りなくいます。「せっかく内定をもらった企業だから」という気持ちもある。だけど、「なんだかやる気がなくなってしまった」「自分にはもっと合った会社があるのでは」「そもそもこの業界は向いていないかもしれない」など、それぞれの理由で悩んでいます。

実は、こういうときに「効く」言葉があります。それが、「辞めたいときが伸びるとき」です。

離職に関する相談を受けるたび、私はこの言葉をかけてきました。そして、「辞めたいと思っている今こそが、実力向上のときかもしれないよ。イヤなのはわかるけど、私を信じて、あと2週間辞表を出すのを我慢してくれる？　2週間経ったらもう一回連絡をちょうだい」と送り出します。それで本当に会社を辞めた人はいないんです。

「辞めたい」と強く思うのは、壁にぶつかっているとき。その壁に対してちょっと力が足りなくて、自分自身にストレスがかかっています。また、社内の人間関係のごたごたから、自分で勝手に「この会社は自分に合っていないんだ」と思い込んでいるだけの場合もある。こんなときにも「他責」というヤツは顔を出すのです。

だから、期間限定で「とりあえず我慢してやってごらん」とアドバイスすると、その期間は辞める気で仕事をやりはじめます。不思議なもので人間は、もうこれで最後という気持ちがあると、ものすごい集中力を発揮します。むしろ最高に丁寧な仕事をやり遂げようという、前向きさすら湧き出てくる。

まさに辞表を懐に忍ばせて仕事に取り組んでいるようなものですから、「なんでも来い！　怖くないぞ」という、武士のようなすごみさえ出てくる。こんな気迫に満ち満ちていたら、イヤでも抜群の仕事ができてしまいます。圧倒的な結果が、自ずとついてくるのです。

そんな調子で2週間が経つと、「あの辞めたい気持ちは何だったんだろう」と、熱が引いた後のような気分になる。ちょっと自信もついているので、辞めるのがバカバカしくなるのです。

たいてい2週間で好転します。だから、「辞めたい」という気持ちがピークに達したら、「しめた！」と思うことです。**「辞めたいときが伸びるとき」**と、まずは自分にいい聞かせてみましょう。

人材流出を防ぐ法

では、あなたが部下を束ねる立場で、「会社を辞めたい」と告白される側だとしたらどうでしょう。

「組織に社員が居つかない」というのは、日本社会全体の問題になっています。会社からすると、手塩にかけて育ててきた人材に、3年も経たないうちに辞められるのは、コスト面から見ても打撃が大きいですね。

組織の人事担当者や部長、課長クラスの多くにとって、人材の流出をどう未然に防ぐかというテーマは深刻です。

部下に「辞めたい」といわれた場合は、この要領で「2週間だけ我慢してみて」「次のプロジェクトまで一緒にやってみない？」「じゃあ辞める前に一度だけ○○社の担当をやってみてよ」と、期間限定の具体的な仕事を手渡してみるといいでしょう。

その間、すこし離れて見守るのがコツです。よく見ていると、それまで気づかなかったいい面が発見できるという副産物もあります。

「**どん底**」を味わったことがあるか？

絶望の淵から中途半端に逃げると溺れるよ。
どん底という底をトーン！　と蹴って
浮かび上がっておいで。

底を見極める

人生の崖っぷちに立たされたとき、どう考えればいいのかをお話しします。

あなたが今、絶望の淵にいるとします。深い絶望というのは、沼地のため池のようなものです。そこへ落ちてしまうと、どこまでもどこまでも足をとられ、下へ下へと沈んでいきます。溺れます。苦しいです。

しかし、どんな沼でも、ふとした瞬間に足の先が何かに当たることがあります。何かが足に触ったら、それをトーン！　と蹴るんです。そうするとその力の反作用で、今まで下へ下へと引きずり込まれていたのが嘘のように、浮かび上がれます。

お金、人間関係、事業の失敗など、人生のどん底から還ってきた人の多くは、どん底という絶望の「底」を見ています。

残念ながら、そのまま絶望に飲み込まれてしまった人もいます。そういう人と還ってきた人の違いは何なのかといえば、それはもうはっきりしています。**「ここが底だ」という見極めを自分でしたかどうか**です。

今が苦しいときこそ、「行くところまで行ってやる」「落ちるところまで、落ちてみよう」と思い切り、片道切符のつもりで本当に行ってみるんです。不様なのはイヤだ、みっともないなどと自分を取り繕っているうちは、「底」を見極めることができません。「底」を蹴られたら、パッと水面に顔を出せる。酸素が吸える。太陽の陽が浴びられる。新しい世界がはじまります。

本当の援助とは

東洋思想では、これを「陰陽」ととらえます。森羅万象のすべては、「陰」と「陽」の相反する二つから成り立っていると考え、陰と陽は対極にありながら、**陰が極まれば陽となり、陽が極まれば陰となります**。これを示す言葉が、「陰陽和して元となす」。

人生のどん底も、東洋思想的な陰陽論でとらえると解決への道が開かれやすくなります。

では、身近に溺れている人がいたらどうしますか。あなたはその人を助けたいと思っている。でも、助けちゃいけません。

溺れているということは、自分で還ってこられる絶好のチャンスのさなかにいるんです。その人が自分の足でどん底の底をトーンと蹴って浮かび上がるまで、見守っていることです。自立でグッと上がってきたとき、そのときには助けなきゃいけない。本当の支援、サポートとはそういうものです。

私のところにも、たくさんの人が援助を求めてやってきます。

「会社が倒産した」「株の失敗で数億円の負債を背負った」「保証人になっていた人物が夜逃げし、借金をかぶることになった」。辛酸をなめるに至った経緯やその状況はさまざまです。

でも、私はすぐには手を差し伸べません。底を蹴るまでは、知らんぷりをしています。「どうか資金援助を」と何度も訪ねてくる人もいますが、居留守です。なぜかというと、その人の様子で「まだだな」とわかるんですよ。

とはいえ、気がかりな場合は、私が行ってはダメですから、任せられる人間を「様子を見てきて」と偵察にやります。「どうだった?」「まだ顔色いいですよ」。じゃあ、まだだなと判断して、時を待つのです。

そんなふうにして、もう本当にダメだというところまで手を貸さないでいると、ゲッソリ痩せたり、ものすごく血色の悪い顔で訪れ、「今回の経験で、出直す決意ができました。まず、会社を手放します。それから……」と、具体案を語りはじめるのです。

底を蹴って浮かび上がってきたのですね。それを見届けて、「わかりました。私が資金の3分の1を面倒みましょう」と、援助の話になるわけです。

溺れている人を見ているのがつらくて、中途半端で助けてしまうのは、相手のためになりません。自分は善意でやっているつもりでも、それは相手をもっとダメにしてしまう可能性のほうが大きいのです。

陰極まれば陽となる、陽極まれば陰となる。極まらないその途中で安易に助け船を出してしまうのは、相手をつぶしてしまう、実に罪深い行為なのです。

「復元力」を鍛えているか？

「こうあるべき」を捨てれば、しなやかでしたたたか、不死身の自分が生まれます。

「自由じゃない」からつらい

ここで質問です。「大丈夫」の反対は何でしょう?

つまり、「大丈夫じゃない」とはどういうことか。いろいろないい方ができると思いますが、私流に表現すると「自由じゃない」となります。

「自由じゃない」とは、端的にいうと、「こうあるべきだ」にとらわれていることです。男だから、女だから。まだ若いから、もう若くないから。常識だから、非常識だから。このように「こうあるべき」に凝り固まっている人は、何をいっても聞き入れません。要するに頑固者なのです。

頑固オヤジは困りものですね。しかし、最近はオヤジばかりじゃありませんよ。頑固オバサンもいますし、頑固男子や頑固女子もいます。私の感覚では、むしろ若い人に頑固者が増えている印象すらあります。それくらい、何かにしがみついていないと怖いのでしょう。だから、自由になれない。どんどん「大丈夫」から遠ざかってしまうのです。

こんな話を聞いたことがあります。ずっと同じ姿勢をしていると、筋肉のある部分が縮まり疲れがたまってしまいます。ということは、別の部分は引っ張られ過ぎて疲れています。どちらかに偏ってしまうから身体のバランスが崩れるのです。だから、縮みと伸びのどちらにも柔軟に行けるのが、自由で健康な筋肉なのだそうです。

精神もそうなのでしょう。老子は**「堅くて強ばったものは死の仲間（堅強なる者は死の徒）」といい、それに対し「柔らかくて弱々しいものは生の仲間（柔弱なる者は生の徒）」**といっています。つまり、「柔弱は剛強に勝つ」。「強くあらねば」と力んでいると余裕がなくなり、堅い樹木ほど大風でポキッと折れてしまうよというわけです。

柳に風と受け流す

人間の精神が堅強になっていくのは、経験を積むからです。人生において経験というものはとても大切です。しかし、その貴重な経験で自分を縛らないようにする工夫が、人生にはさらに大切なのです。

自由の境地に至るには、自分を縛っている縄を解くことです。そうすると、いろいろな価値観に出会いますから、まずはそれらを受け入れるようにします。そのうち、右にも左にも、上にも下にも、あっちにもこっちにも柔軟に対応できる自分が育ってきます。

このように、「柳に風と受け流す」という具合に自由でいると、不遇に際してもまた元通りになります。私はこれを「復元力（レジリエンス）」と呼んでいます。「大丈夫」という生き方には、欠かせない力ですね。

相撲でいえば、両足が俵にかかって、体が弓なりに反り、もう限界だというとき、「もう負ける」と思えば負けます。それは自分に負けているからです。そんな極限状態でも「絶対に負けない」という思いで相手の回しをしっかりつかんでいれば、相手が出ようとする力を利用して、うっちゃれる。力任せに相手をねじ伏せるだけでなく、したたかな逆転勝ちの方法は必ず残されているのです。

自由という字は、どう書きますか。「自分」に「由る」と書くでしょう。どれだけピンチの状態にあっても、周囲のせいにせず自分の足で立とうとする意識が常にあれば、復元力は鍛えられていきます。

会社の経営がどん詰まりだ。もうあそこはダメだねなどと、周囲も噂している。そういう会社が落ちるところまで落ちた結果、たった2、3年でV字回復の軌道を描きはじめることがあります。これも、復元力のなせる業なのです。

生きづらさがあるとき、自分が頑固になっていないか、力任せに押し切ろうと意地になっていないか、チェックしてみてください。

自由から遠ざかっていると感じたら、いったんその問題、人、ことがら、場所から離れ、充電します。心地よさが得られるお気に入りの場所や空間へ行ってのんびりするのもいいでしょう。休日をたっぷり取れなくても昼休みの3分間、お気に入りの空間へ移動してみるだけでもいいのです。元気が出る好物を食べてみる、心が落ち着く音楽を聴く、好きな本の世界に浸ってみる。

長期でも短期でも、自分を復元させるツボを知っていることが、長い人生をしなやかに、そしてしたたかに、不死身の自分で生きていくカギです。

「お別れ」の支度とは?

**「思いを書いて残して」と
リクエストするのは、
これから死を迎える人に
一番心のこもった贈り物。**

いっとき、いっときをしつらえる

大切な人の死が迫っている。余命があとわずかというとき、人はどう向き合えばいいのでしょう。

そんな質問を受けたときの答えは、決まっています。「いっとき、いっときを大切にしてあげることが重要ですよ」。これに尽きます。どのようにやるかというと、「今は○○をしようね」というふうに、この時間はこの目的のために過ごしましょうと伝え、いっとき、いっときをきちんとしつらえてあげるのです。

モーツァルトを聴いて、ゆったりとしましょう。これから公園へ出掛けて、いい空気を吸いましょう。夕飯のあとは、おもしろい番組があるから一緒に見ましょう。このように、30分でも1時間でもいい、一つひとつの時間を明確にして、丁寧に生きていくことを考えるのです。

うまくすれば、いっとき、いっとき、生きている意味を感じることができ、最期までの時間を分厚く生きられます。そうすると、死の恐怖が遠ざかっていく。実際、「死がどんどん近づいているのに、逆にどんどん自分から抜けていく気がする」と明るく語った人もいます。

一番ダメなのは、なんだかよくわからない時間を無為に過ごして、本人も周囲も恐怖のまま終わってしまうことです。どうしてそうなるかというと、単純に死は恐ろしいと頭から決めてかかっていて、直視することを避けているからでしょう。あるいは、そのような話はタブーだと信じているのでしょう。

でも、今は「終活」などという言葉もあるように、死のとらえ方にも変化が出はじめています。今何をしたいか、何をしておきたいか。そんなことを話題に上げ、率直に話をするのは、とてもよいことです。

安心したからさようなら

人生でやり残したことがあると、悔いが残ります。状況が許すのであれば、もうこれで命がいつ終わってもいい、今までこんなふうに過ごせてもう何もいうことはない、と思わせてあげることができたら最高なわけです。

だから一日の終わりに「今日の自分」を思い返すということは、そういう意味でも重要なのです。「今日は面白かったな」「今日はこういうことが良かったな」とその日に決着をつけて一日を終えることは大切です。そういうことの積み重ねが、よりよい人生を生きることになるし、いざ死に直面したときにも覚悟が決まるんです。

私はうっすらとしか記憶がないのですが、バンコクの病院で生死の境をさまよっていたとき、「紙と鉛筆をくれ」といったらしいのです。そういえば、もう死ぬかもしれないと自覚した瞬間、「何か、書いて残したい」という思いが胸をよぎりました。遺言というか、一世一代の文章、辞世の句、そんなイメージです。

しかし、実際は何も書けないんです。書きたいけど、書けない。書くことがないといったほうがいいでしょうね。要するに、心がまったく決まっていないのです。

そのときの経験からわかるのです。**人間は何か残したい**のです。もうこれを残したから、と思えたら、安心して死ねるのです。だから、もう命が残り少ない、一緒にいられる時間があとわずかという人に、「思いを書いて残してほしい」とお願いすることは、一番心のこもったリクエストになります。

自分で書けないようなら、代筆してあげればいいでしょう。録音でもいい。今の思いをぜひ残して、私たちにぜひ伝えて。そういわれたら、うれしいですよね。

人の死は悲しいものですが、一方で、それだけとはいい切れない面もあります。東洋思想的な視点からいうと、皆、懸念があるうちは苦しくても生きているんです。残していく人たちのことが気がかりだとか、いろいろな理由があると思います。それを逆から見ると、亡くなるということは、もう心配がなくなったということなんですよね。だから、死というものをそれほど悲観しなくてもいいという考え方もある。

もちろん、事故や事件に巻き込まれて命を失うケースなどは、ご本人にも周囲にも、大変つらいできごととなってしまうわけですが。

「看取り」という最期の時間を許された場合は、今お伝えしたようなことを頭に入れておくと、よい人生のしまい方のお手伝いができます。

「命」とは何か？

筆箱や消しゴムではなく
「性」を授かったのですから、
生きる価値を問うまでもなく
「生きてるだけで100点満点」なのです。

なぜ死を選んではいけないか

小学生に命の授業をすることがあります。「君の一番大切なものを貸してくれる?」といって、子どもから何か預かるんですね。たいてい、筆箱などを差し出してくれます。「ありがとね」と受け取ると、そのままバッグにしまい、涼しい顔をして別の話をはじめます。

しばらく経つと、子どもは心配になって「先生、筆箱返してください」といってきます。「え? ああ、あれね、捨てちゃったよ」。そういうと、当然ながら表情がパッと変わります。そこで、「今、どう感じた?」と尋ねると、「怒った!」という答えが返ってきます。

そりゃそうですよね。貸したものを、勝手になくされちゃったのですから。さて、ここからが命の話です。

では、皆さんにお聞きします。あなたの命はもらったものですか、借りたものですか? 答えをいってしまうと、**あなたの命はあなたのものだけど、天から借りているものです**。だから、いずれ返さなくちゃいけない。あなたが勝手に捨てたり、始末してしまってはいけないものなのです。

そもそも、我々はなぜ人間に生まれてきたのでしょう。何に生まれてきてもよかったんじゃないですかね。私ならそうですね、松の樹でもよかったかもしれない。でも、松でいいかといわれたら、松は動くことができないよなと思う。

それなら動ける動物のほうがいい。犬や猫ならかわいがってもらえそうだし、日がな一日のんびり遊んでいられるのでラクそうです。じゃあ犬か猫でいいかと問われたら、いやもうちょっとおもしろそうなものがいいと思う。たとえばライオンなんかサバンナを駆け巡って狩りをして、楽しそうです。しかし、できればやっぱり人間がいいなぁ、と思う。

神だか天だか知りませんが、「いや、人間はやめといたほうがいいよ。あれは一番やっかいだよ」と助言したところを、「ぜひ人間でお願いします」と頼み込んで、人間に生まれたのではないか……今のはまったくの仮説ですが、少なからず我々はそうやって人間を選んだのでしょう。「そんなに人間になりたいんだったら、これをもっていきなさい」と「性」を授かったのです。

あきらめそうになったとき

人間にも動物にも、本能と欲望があります。ただ、動物には人間に備わっている「理性」という「性」がありません。そこを頼み込んで借り受けたのが、私たちです。人間としての命はもらったのではなく、借りたものなのです。だから、勝手に捨ててしまってはいけないのです。

私はこのようにして、筆箱をたとえに、「自殺することがいけないっていうのは、こういうことなんですよ」と、子どもたちに伝えています。

自分には価値がない、生きている資格がない、そんなふうに絶望して、生きることをあきらめてしまう人がいます。でも、我々は「性」を授かった存在なのですから、生きる価値や資格や意味などは、問う必要がないくらいに大ありなんです。

私には、あの世から還ってきた経験があるのだから、意味のある人生を生きなくては申し訳ない。そう思ってもがき苦しんだ時代もありました。しかし、意味のある人生を生きるというのは、どういうことなのか。東洋思想を学ぶうちに、「なんだ、それほど難しく考えることではないのだな」とわかってきました。

生きていること自体がすごいんだと自覚して生きれば、それで十分なのです。要は、「生きてるだけで100点満点」です。

お腹が空いた、仕事で失敗した、他人の言葉に傷ついた。そんなことも、生きているからこそ感じられるのですが、それがすごいことだとは日頃考えません。皆、当たり前だと思っています。

でも、そこで「お腹が空いた！　生きてるぞ！」ととらえたら、感謝の気持ちが生まれます。近頃、欧米ではサンクス・パワーという言葉が用いられるようですが、感謝の力が満ちてくると、人生、「愉快、愉快！」という状態になってきます。

愉快な人生なくして、健全な社会はありません。健全な社会なくして、愉快な人生はありません。私が考える意味のある人生とは、一人でも多くの人の心に平安を提供できるような仕事を行うこと。「生きてるだけで100点満点」と伝えることです。

今が苦しい人も、生きること自体を意味ととらえて、「どうせ生きているのだから」と一歩を踏み出してほしいですね。人間は、死ぬまで成長し続けられます。「大丈夫」路線に乗り換えて、愉快な人生を颯爽と歩きましょう。

あとがきにかえて

年齢を重ね、能力が上がれば、安泰に一生を終えられる時代は終わりました。今は大転換期です。これまでの常識が覆り、現実はものすごいスピードで変化し、不安ばかりが増幅します。

「一体、どうすりゃいいのさ！」。そう叫びたくもなるというものです。

こういうときこそ、周囲がどんなに目まぐるしく変わろうと、ブレずにしっかり立つための軸足をもたなければなりません。その軸足が本書のベースに流れる東洋思想です。そして、もう一つ忘れてはならないものが「日本人らしさ」だと私は考えています。

日本には、歴史を貫いて流れる一本の水脈があります。これは、清く美しい流れです。森林山岳に恵まれた日本の川は、清く明るく澄み切った流れで、いつしかそれは日本人の心のあり方にも影響をもたらしました。「清く明《あけ》く心」、つまり「清明心」をもつ人こそが理想とされてきたのです。

ところが、近代化以降の歩みのなかで、私たちは日本人らしさを失ってきました。そのことによって、今、苦しんでいるのはほかでもない私たちなのです。

人は誰のために生きるのでしょう。もちろん、自分が一番大切に思っている人のためですね。私の場合、家族や身近なスタッフももちろん大切ですが、パッと頭に浮かぶのは、「大丈夫」になろうとする、まさに今その道程にいる人たちの姿です。

地道に、誰に自慢するでもなく、自分が満足感を得ることができる仕事で、毎日毎日努力を積み重ねている人。境遇が恵まれなくても、誠実に、明るく、生きている人。そういう人を放っておけないのです。何とかして力になりたい、そう思います。

私がおつきあいしている経営者のもとには、たくさんの社員がいます。彼らには社員の生活や人生、また、社員の家族の生活や人生まで預かるという重責があります。そして、社会に大きな影響力をもつ経営者の後ろには、彼らを慕いこれからメキメキと力を発揮するだろう若き経営者たちが控えています。ですから、経営者たちを救えれば、その後ろにいる人たちも皆救えます。

結局のところ、幸せとは何かというと、「自分に合った生き方」を知ることです。では、自分らしくいられる生き方とは何かというと、もともと我々日本人がもっている日本人らしさに立ち返ることになるのではないでしょうか。というよりも、世の中が混沌としているからこそ、還らざるを得ないのです。今がまさにそのときです。

私は毎朝、「今日こそ日本人らしく生きるぞ」と宣言して、仕事へ向かいます。多くの人と対話し、思いのたけを伝えようと全力を尽くします。しかし、夕方帰宅すると、「ああ、今日もまた立派な日本人になれなかった。今の日本がこんなになってしまって、不安顔の人がまだまだこんなにたくさんいるのは、すべて私の責任だ！」という思いにさいなまれ、ビールを飲みながら、毎日、毎日、大反省するのです。

あなたは今日、「立派」な「大人」になろうとしましたか？　そのために何をしましたか？　いろんなことを実践したけれど、ダメだったかもしれませんね。でも、今の自分を問わなくていいのです。立派になろうとする、その心を日々感じていくことが、あなたを「大丈夫」な人生へと導いていきます。

巻末付録

「大丈夫」な自分になる38のメッセージ集

いわれなき不安は
心の暇がつくり出している。
そんなときは、腰を立て、腸に力を！

立腰

「いい人」になろうとしなくていい。
あなたはもうすでに「いい人」の自分を
持っているのだから。
それをちょっと出すだけでいいのです。

陰陽

どんなときも
「誠実」であろうとする人間を
天は放っておきません。

縁

大丈夫とは、
「正しい」の規準となる「線」を
自分のなかにしっかり引ける人のこと。

正

忙しいときほど
懸命に働くのと同じくらい
真剣に休む。

働

モノを溜め込んで捨てられないなら、
自分を捨ててみる。
一人で何も持たずに生きる無常こそ、
本当の自由です。

無為

10年後の自分を緻密に想像してみる。
不思議なことに
「人生に説得力」が出てきます。

人生計画

「結果」だけ追いかけてもダメなんです。
「因縁果」で風景の見方を変えてみよう。

根っこ

「なんでうまくいかないのかなぁ」ってとき、
思い浮かぶのが人の顔だったら要注意。

自責

「おまえみたいな嘘つきはいない」と、
将来、自分自分に
しっぺ返しされない「今」を。

慎独

自分を大好きになるために
欠かせない要素は、
自分を大嫌いなこと。

自己改善

苦しいときは「道」にすがればいい。
「助けて！」と言っていい。
「道」はいつでも助けてくれるから。

願望

人が見えない「暗い」ところが見えている。
それを「玄人」という。

プロフェッショナル

自分が「果たすべき役割」を
全うするために、私たちは天性を
与えられて生まれてくるのです。

天命

群れてなきゃ心細いっていうのは一番ダメ。
結局、最後は
独りに強い人が勝つのだから。

絶対的孤独

人の幸せをねたんでいると、
幸せそのものにねたみが生じ、
求めれば求めるほど遠ざかるというのが
道理なのです。

嫉妬

意地でも人と比べない。
そう決めるだけで
丸い石のように軽快に
ものごとが進みはじめます。

悪口

身体の痛み、つらさなんて、
肉体という上着が
うまく着れていないだけの話。

魂

相手が喜ぶことを率先してやると、
人生に徳がついてくる。

自己の最善を尽くす

外側に照準を合わせず、
自分自身の尺度で「満足し」「止まる」。

知足

自分を「他人」として見る冷静さがあれば、
悩みが悩みのまま
押し寄せることはありません。

書く

優れた成功者はみな、
強烈な劣等感の持ち主。
はね返したからこそ、より輝ける。

コンプレックス

「おい！」の機先を制して馳せ参じ、
「うっ」とのけ反らせて、素早く封じる。

気

仕事の9割は位置取り。
「お世話係です」と言える上の人間こそが
瞬時に人を束ねられる。

マネジメント

ファースト能力より
セカンド能力を生かす。
この逆転の発想が、戦略になる。

武器

営業日本一の人は歩かない。走るんだよ。
身体で覚えたことは一生の宝。

実践

自分に合う「稼ぎ方」は絶対ある。
こんな恵まれた時代に「待ち」は無しです。

行動

現役時代から
自活力をつける準備をしておきなさい。
専門領域で月収5万円以上。
これが安泰の目安。

自活

「イヤなことよ、来い！」と叫んでごらん。
「いいこと」しか
起きない気がしてくるから。

失敗

「大丈夫？」と
心配されることを望んでいたら、
ますます悲惨な状況が
やってくるだけです。

自己憐憫

「自分に逆らうトレーニング」で
自分を手なずけ、
自分自身を意のままに扱える人間に。

克己

いくら泣いても、
相手を信用したのはあなた。
同じ目に遭う前に
「だまされない自分」をつくりなさい。

詭道

よい友、よいパートナー、
よい仕事、よい家。
この４つが「そこそこ」揃っていること。

成功

「辞めてやる！」と思ったそのときが、
抜群の仕事をする大チャンス。

実力

絶望の淵から
中途半端に逃げると溺れるよ。
どん底という底をトーン！と蹴って
浮かび上がっておいで。

陰極まれば陽となる

「こうあるべき」を捨てれば、
しなやかでしたたか、
不死身の自分が生まれます。

自由

「思いを書いて残して」と
リクエストするのは、
これから死を迎える人に
一番心のこもった贈り物。

最期の時間

筆箱や消しゴムではなく
「性」を授かったのですから、
生きる価値を問うまでもなく
「生きてるだけで１００点満点」なのです。

生と死

著者紹介

田口佳史　昭和17年東京生まれ。東洋思想研究家。日本大学芸術学部卒業。日本映画新社入社。新進の記録映画監督として活躍中の25歳のときにタイ国で瀕死の重傷を負う。生死の境で「老子」と出会い、その後、中国古典研究に従事。昭和47年に株式会社イメージプランを創業。東洋思想をベースに、2000社もの企業変革指導を行い、経営者や経営幹部などからも圧倒的な支持を得ている。また、企業のみならず、官公庁、地方自治体、教育機関など全国各地での講演・講義も人気で、1万人以上の社会人教育の実績もある。『超訳　孫子の兵法』（三笠書房）、『「貞観政要」講義』（光文社）、『リーダーに大切な「自分の軸」をつくる言葉』（かんき出版）など、著書多数。

あせらない、迷《まよ》わない　くじけない

2018年3月5日　第1刷

著　者　田《た》口《ぐち》佳《よし》史《ふみ》
発行者　小澤源太郎

責任編集　株式会社　プライム涌光
電話　編集部　03(3203)2850

発行所　株式会社　青春出版社
東京都新宿区若松町12番1号 〒162-0056
振替番号　00190-7-98602
電話　営業部　03(3207)1916

印刷　中央精版印刷　製本　フォーネット社

万一、落丁、乱丁がありました節は、お取りかえします。
ISBN978-4-413-23079-7 C0030

中学受験 偏差値20アップを目指す
逆転合格術
西村則康

邪気を落として幸運になる
ランドリー風水
北野貴子

男の子は「脳の聞く力」を育てなさい
男の子の「困った」の9割はこれで解決する
加藤俊徳

入社3年目からのツボ
仕事でいちばん大事なことを今から話そう
森 憲一

他人とうまく関われない自分が変わる本
長沼睦雄

青春出版社の四六判シリーズ

たった5動詞で伝わる英会話
晴山陽一

子どもの腸には毒になる食べもの 食べ方
丈夫で穏やかな賢い子に変わる新常識！
西原克成

働き方が自分の生き方を決める
仕事に生きがいを持てる人、持てない人
加藤諦三

あなたの中の「自己肯定感」がすべてをラクにする
原 裕輝

幸運が舞いおりる「マヤ暦」の秘密
あなたの誕生日に隠された運命を開くカギ
木田景子

お願い ページわりの関係からここでは一部の既刊本しか掲載してありません。折り込みの出版案内もご参考にご覧ください。